单位纸媒的变迁研究

马楠楠 著

吉林大学出版社
·长春·

图书在版编目(CIP)数据

单位纸媒的变迁研究 / 马楠楠著. —长春：吉林大学出版社，2022.1
ISBN 978-7-5692-9885-7

Ⅰ.①单… Ⅱ.①马… Ⅲ.①企业－报纸－史料－研究－中国 Ⅳ.①G216.3

中国版本图书馆 CIP 数据核字(2022)第 014156 号

书　　名：单位纸媒的变迁研究
DANWEI ZHIMEI DE BIANQIAN YANJIU

作　　者：马楠楠　著
策划编辑：黄国彬
责任编辑：张鸿鹤
责任校对：刘　佳
装帧设计：姜　文
出版发行：吉林大学出版社
社　　址：长春市人民大街 4059 号
邮政编码：130021
发行电话：0431－89580028/29/21
网　　址：http：//www.jlup.com.cn
电子邮箱：jdcbs@jlu.edu.cn
印　　刷：天津和萱印刷有限公司
开　　本：787mm×1092mm　　1/16
印　　张：10.5
字　　数：165 千字
版　　次：2022 年 4 月　第 1 版
印　　次：2022 年 4 月　第 1 次
书　　号：ISBN 978-7-5692-9885-7
定　　价：58.00 元

版权所有　翻印必究

前　　言

　　从历史视角审视单位纸媒研究的缘起、形成及流变，我们不难发现，单位纸媒的研究内容从来不是脱离组织研究和传媒研究单向直线型推进，而是在两者的融合与激荡中双向曲线型运行，是融合了社会学、人类学、新闻传播学等领域的综合性研究。单位纸媒的研究伴随着国家改革与发展卷入历史长河之中，20世纪50年代，中华人民共和国成立后的单位纸媒研究被国内外学者嵌入到中国社会的研究当中。20世纪六七十年代，特殊历史时期的单位纸媒研究因单位被冲击受到了前所未有的阻碍；20世纪八九十年代，满足中国社会迅速恢复生产生活的"厂办大集体"[①]的出现将单位研究推向了高潮；20世纪90年代后期，伴随着计划经济向市场经济转型完成，单位社会的消解使学术界对于单位纸媒的研究失去了热情；进入21世纪，"后单位社会"[②]时期对于单位、组织的研究激情被重新点燃，而新媒体时代的到来却令纸媒逐渐走向衰落，作为兼具单位功能和传媒功能的单位纸媒该何去何从以及单位纸媒的现实处境成为社会学界和传媒界的重要关注点。

　　对于这样一个关注热度跌宕起伏的研究，在选择著书领域时我是备感

---

① 厂办大集体：是指由国有企业批准或资助兴办的，以安置回城知青和职工子女就业为目的，主要向主办企业提供配套产品或劳务服务，由主办企业委派人员或领导参与生产经营并在工商行政机关登记注册为集体所有制的企业。厂办大集体曾为经济发展和社会就业发挥了重要作用，但已成为制约国有企业改革发展和影响社会稳定的重要因素。

② 后单位社会：单位社会后期。

压力的。"单位消解""纸媒灭亡""组织没落"等声音使我的研究意义深受质疑。但在我看来，站在一个时期对于过去或者即将成为过去的社会的任何研究都不存在"过时"和"无用"的说法，因为任何一个社会或者现象的"当下"和"未来"都来自"过去"。单位纸媒的研究反映了当代学者对于国有企业的文化关注和蕴藏在文化背后的群体关系、组织制度和治理逻辑，也为后单位社会时期的组织运行和功能转向提供了宝贵的经验，它的研究意义可想而知。

古人云："纸上得来终觉浅，绝知此事要躬行"。著书的过程是一字一句书写的过程，也是一遍一遍调研的过程。回想 2019 年以来往来 Y 厂的蹉跎岁月，像是一帧帧画面在脑海中闪过，这本书不仅记录了我个人的努力与付出，也镌刻了我导师陈鹏教授的谆谆教诲，同门师妹陆艳娟、师弟王春林的暖心帮助，Y 厂报社姜成新社长和编辑王鑫涛、张诚儒、马著学等纸媒人的倾力支持，还有近百位 Y 厂人在访谈过程中的配合。值此本书出版之际，对著书过程中给予帮助的各位深表谢意。

马楠楠
2021 年 12 月

目　　录

第一章　导　论 …………………………………………………（1）

　　一、单位、单位纸媒与集体记忆映象 …………………………（2）

　　二、经久不衰的学派讨论 ………………………………………（18）

　　三、单位纸媒研究的实践依据 …………………………………（32）

第二章　单位纸媒的缘起 …………………………………………（36）

　　一、单位纸媒起源的历史背景 …………………………………（36）

　　二、新中国成立后单位纸媒的发展脉络 ………………………（40）

　　三、单位纸媒变迁的现实走向 …………………………………（53）

第三章　单位纸媒的萌芽（1955—1964）………………………（68）

　　一、单位纸媒的生成 ……………………………………………（68）

　　二、单位纸媒的呈现样态 ………………………………………（81）

　　三、单位纸媒的功能初创 ………………………………………（84）

第四章　单位纸媒的畸变（1965—1974）………………………（87）

　　一、单位纸媒的话语体系 ………………………………………（87）

　　二、资源分配与社会关系 ………………………………………（88）

三、社会关系与社会结构 ………………………………（90）

第五章　单位纸媒的变革(1975—1992) …………………（94）
　　一、单位纸媒的话语体系 ………………………………（94）
　　二、单位纸媒舆论导向的原则 …………………………（112）
　　三、单位纸媒的功能实践 ………………………………（114）

第六章　单位纸媒的多元探索(1992年—至今) …………（121）
　　一、单位纸媒的模式探索 ………………………………（121）
　　二、单位纸媒与社会的互构 ……………………………（129）

第七章　单位纸媒的未来与启示 ……………………………（139）
　　一、单位共同体与单位纸媒的未来 ……………………（139）
　　二、单位典型塑造的运作逻辑 …………………………（141）
　　三、组织与典型互构机制的讨论 ………………………（148）

后　　记 ………………………………………………………（151）

参考文献 ………………………………………………………（153）

附　　录 ………………………………………………………（158）

第一章　导　论

"单位"是中国社会中使用频率极高的一个名词，曾几何时，中国社会，尤其是城市社会中，几乎每一个人的生产生活都与单位具有紧密的联系。单位构成了中国社会结构最具有特殊意义的组成部分。作为带有国家建设总体性设计的社会结构，单位与新中国的起步和开辟交相辉映，经历了从无到有的发轫过程，也与国家建设和发展同步，经历了艰难的变迁与改革历程，单位与复兴伟业同步坚韧不拔，与改革开放同行锲而不舍，不仅是国有企业的经典记忆，也是国家历史的不朽篇章。

"单位"展现着中国城市社会的结构特征和城市居民的社会行为特征，因此，是研究、分析和理解中国社会的独特视角，[①] 也与中国其他社会研究不同，有着非比寻常的学术意义。如果说哈佛大学教授华尔德的著作《共产主义社会的新传统主义》拉开了社会学界对于单位研究的序幕，那么，自此之后学界对于政治需求、社会结构、组织制度、群体关系等角度的关注则打开了深入单位研究的局面。虽然直至今日，对于单位研究的时间长度也不过三十多年，但国内外学者对于中国特色的单位研究已经形成了成果颇丰的局面。单位研究之所以在短时间内形成庞大的规模，是因为中国社会的初建阶段，单位组织与现今的组织内涵不同，它是覆盖农业、工业、服务业等各个领域的社会组织，单位组织建设成为区域建设的纲领

---

① 李路路，李汉林. 中国的单位组织——资源、权力与交换[M]. 香港：生活书店出版社，2019.

型示范，是带有普遍性和总体性的国家规划。进入改革开放阶段，市场经济与单位社会的激荡不仅影响着国家的经济体制变革，也牵动了千千万万单位人的生产生活，这使单位研究有了不同于一般学科的现实意义。

纵观历史研究，学者对于单位研究的主要视角可以归纳为宏观视角与微观视角，主要包括单位类型、单位分层、单位结构等在内的宏观层面，也包括单位内部的关系、单位互动、单位制度等在内的微观层面。伴随着单位研究的不断深入，学界对于单位"软环境"的关注方兴未艾，展开了对单位纸媒、单位文艺、单位教育等方面的单位文化研究，将影响单位于无形的单位文化作为单位的补充研究，捕捉到了国家、单位组织、单位人三者的微妙关系。这三者的关系体现为国家在发展建设过程中对单位的指导和期待，单位组织在兴起、发展和走向消解过程中对单位人的影响，以及单位人在国家、组织发展过程中的互动和作用。谈及文化，传媒作为文化研究不可或缺的研究视角记录和还原了单位的文化输出，而作为单位建设初期唯一的传媒方式，单位报纸完整地呈现了国家、单位与单位人的互动。本研究将记载单位人集体记忆的单位纸媒引入单位研究，试图从单位纸媒的呈现内容上展开分析，重现单位人的集体记忆映像，以东北老工业基地的大型国有工厂为研究个案，以贯穿其发展的厂报为切入点，重现单位人的集体记忆，揭示单位社会的变迁过程，探究单位组织与单位人的互动逻辑。

一、单位、单位纸媒与集体记忆映象

(一)单位的缘起与发展

单位作为社会学的研究虽由来不久，但是作为社会现象的出现却早有渊源，而对于单位的定义则可以从广义和狭义上进行区分，广义上的单位是共同体的诠释，李义天在《共同体与政治团结》一书中指出："共同体有时是在一般的描述性意义上被使用，指某种人口集合或群体划分；有时又是在特定的规范性意义上被使用，专门用于刻画某种特殊的社会链接方式和交往关系。而且即便同属后者，在不同的语境中使用术语，思考者所指

第一章 导 论

称的内容及其所表述的目的也各有侧重。"[①]一般描述性意义的共同体是由于血缘、地缘和亲缘而形成的家庭、乡村、宗族等形式。而社会学定义的单位则是区分个体化的概念，面向的不仅是单位的组成或共同体的集合，也包括其形成的链接方式、关系网络和互动逻辑。本书提到的单位既不是广义上的单位，也不是狭义上的单位，而是中国特色的单位组织。中华人民共和国成立后，为了改变贫困农业国家的面貌，快速发展工业，大型国有工厂应运而生，同时也成为建立起国家与个人联系最为适合的桥梁。何为中国特色的单位？本书认为，与其他有共同体特性的组织不同，中国特色的单位组织最大的特点是"封闭性"，在空间上，大型国有工厂虽然占地面积辽阔，但在空间形态上呈现出"封闭性"，尤其是在单位社会形成初期，其"封闭性"尤为显著。一方面，作为生产与生活高度合一的组织形式，单位社会涵盖了单位人从生到死的各个方面，尤其是在"企业办社会"[②]之后，国企单位的教育、医疗、社会服务等都自成体系，是独立于地方社会的特有形式，单位为单位人提供了包括衣、食、住、行等全方位的组织配套保障，满足了单位人的绝大多数需求，在提高了单位人组织依赖性的同时也一定程度上导致了单位社会的"封闭性"；另一方面，单位人的流动性较差，绝大多数单位人终其一生都未离开单位，即便有人员流动，也是国家或单位统一调配的结果。

关于为何选择将单位作为中国社会结构或秩序的基本单元，学界有诸多讨论。有的观点认为中国传统社会的宗族文化是单位形成的基础，早在《诗经·小雅·北山》中"溥天之下，莫非王土，率土之滨，莫非王臣"就表达了中国传统文化对于"大一统"的追求；《礼记·坊记》中"子云：天无二日，土无二王，家无二主，尊无二上"也描绘了"大一统"的美好图景；《弟子规》中"泛爱众，而亲仁"表达了对于平等博爱的追求。这些记载中对于"尊王""爱民"和"大一统"思想的描绘正是单位对于国家和个体的情感趋

---

① 李义天. 共同体与政治团结[M]. 北京：社会科学文献出版社，2011.
② 企业办社会：主要是针对传统的国有企业而言的，企业建立和兴办了一些与企业生产经营没有直接联系的机构和设施，承担了产前产后服务和职工生活、福利、社会保障等社会职能.

向。有的观点认为，中国共产党在长期武装斗争中的供给制是单位形成的基础，集中供给体制一直是保证战争时期战士生存、战备物资获得的必要途径，一是集中供给制体现了共产党对于平等主义的追求；二是由于共产党在长期战备中不具备稳定的财税来源。单位社会在成立初期对于资源的统一调配和对国家财政的依赖，都延续了中国共产党武装斗争中集中供给制的分配传统。还有的观点认为，中国之所以走单位社会的道路是受到苏联的干预和影响，学习苏联快速发展工业强国道路的首选就是依托大型国有工厂，建立起集单位人生产和生活于一体的单位组织是国家提高生产效率的有效途径。究竟中国单位社会的缘起与发生具体是由哪些因素导致的，本书不予定论，但这些观点对于单位研究都具有非常重要的意义。

1. 共同体与单位社会

"共同体"是一个具有丰富解释空间的概念，广义上从家庭、家族到宗族，从团体、组织到群体，从民族、国家到人类社会，都可以将其概括为"共同体"。学界对于共同体的诸多讨论中，起源最早的当为德国社会学家滕尼斯《共同体与社会——纯粹社会学的基本概念》一书中对于共同体与社会的讨论。滕尼斯认为共同体应该是"持久的和真正的生活"，"是一种原始的，或者天然状态的人的意志的完善的统一体"，"一切亲密的、秘密的、单纯的共同生活"和"尽管有种种分离，仍然保持着结合"的形式。而单位社会作为依靠共同生产、生活组成的共同体，与滕尼斯所提及的共同体特征不尽相同，它也有精神共同体的内涵，滕尼斯对于精神共同体的描述中提及"精神共同体与从前的各种共同体的结合中，可以被理解为真正的人的最高形式的共同体"[①]，滕尼斯对于共同体的描绘是带有浪漫主义色彩和理想性的勾画的，他认为单位社会是区分于共同体的二元对立结构，共同体是"真实的与有机的生命"，而单位社会则是"想象的与机械的构造"。国家对于单位的期待不仅是"想象的与机械的构造"的社会，也是"真实的与有机的生命"结合的共同体，原因是我国对于单位的构建不仅是对

---

① 滕尼斯.共同体与社会——纯粹社会学的基本概念[M].林远荣，译.北京：商务印刷出版社，1992.

第一章 导 论

于工业强国道路的追寻，也包含了中国共产党对于城市社会居民的管理期待，因此典型单位不仅集合了机械的生产功能，也涵盖了单位人有机的生活需求，符合滕尼斯对于共同体和社会的集合特征的描绘。加拿大学者布莱登和科尔曼[1]在对共同体进行反思的过程中，从多学科、多角度出发对于全球化局势进行分析，在共同体议题的呼吁声中反思"个体化"和"自主性"，同时也提及了"分裂性"与"原子化"在共同体中的存在，而这种存在不仅仅是消解共同体的破坏性因素，还是在裂变中突出个体对于共同体的作用。与滕尼斯提出的共同体与社会的二元对立不同，布莱登和科尔曼是将共同体与社会作为结对关系来讨论。将两位加拿大学者对于共同体的研究挪用到单位社会当中不难发现，单位组织依托单位共同体（单位人）完成生产任务，单位人在组织中生活、生存，二者是不能对立而论的。我国大型国企工厂中单位与单位人间的依赖关系是十分密切的，这种依赖并不是单向依赖，而是一个相互依赖的过程。在技术、设备等硬件设施十分匮乏的建国初期，只有依靠个体的集体主义精神力量才能够支撑新旧交替时代的民族工业梦想，这体现了单位对于个体的依赖，而身处单位的单位人对于组织的依赖产生不仅是因为资源交换性的生产关系的存在，也是因为"企业办社会"过程中单位人对于单位在各个领域的互动关系的存在。美国社会学家华尔德早在他的著作《共产主义的新传统主义》一书中将单位社会宏观层面的再分配体制作为其研究的重点，将单位研究的目光聚焦在组织内具体的日常活动中，从单位成员对于组织的依赖、工厂内的政治组织化及在此框架下的车间主权和工作班组制度、上下施恩回报关系在工厂社会结构中造成的影响、"文革"时期任人唯亲制度几个方面进行研究，认为中国工业制度机构化的单位社会是"世袭制统治与现代机构化制度的结合"。[2]

中国单位社会的理论建构具备特有的时间和地域特征。从传统文化和人文底蕴来讲，单位共同体的历史机缘是儒家"仁爱"思想和千百年的帝王

---

[1] 戴安娜·布莱登，威廉·科尔曼. 反思共同体——多学科视角与全球语境[M]. 严海波，译. 北京：社会科学文献出版社，2011.

[2] [美] Walder Andrew G. Communist Neo-traditionalism: Work and Authority in Chinese Industry[M]. Berkeley: University of California Press，1986.

制度的积淀，"大一统"的美好愿景是从上到下的追求，统治者通过社会平等实现中央集权，个体资源的均衡分配需求也推动了臣民平等的"大一统"景象，这些景象成为单位共同体的历史根基；从社会重建和制度重组来讲，新中国对于赶超型工业强国的追求，使其不得不通过社会重建和制度重组的手段来实现社会生产力的集中爆发，个体对于单位的服从是无条件的，这对于建厂初期的调度和重组来说是效率最高的手段。

在对 Y 厂的建设者志愿兵 MXB 的口述访谈资料中记载道："那时候的人都疯了，不吃饭不睡觉啊，就是干，给表彰我们都不要，就睡在工地，也不回家。当时来援建的人可不都是咱们厂的啊，我们来的时候都不知道干啥来了，但是来了就是干。后来我们知道了，要造汽车厂，那时候都没有名儿，我们就叫'652 工程'[①]，那可是咱们中国人自己的汽车厂啊，我们能被国家派到这来，说明我们行，一般人可是来不了的。我们这伙人当中有工人，有学生，有高级知识分子，有解放军，还有像我这样的志愿兵，干啥的都有，还有一些干部都是拖家带口来的，大家累成啥样都一点怨言没有。"[②]

Y 厂原副厂长 QMR 回忆"652 工程"建设时说："组织让我来我就来了，到了长春站问'652'在哪里，人家说在孟家屯那个地方，孟家屯在哪里啊？不知道，两眼漆黑，就问老百姓：'孟家屯火车站怎么去？'就说没有火车站，乘摩电(有轨电车)到红旗街，红旗街就下车了，终点了，说孟家屯往那边走，往左边走。我们就一直走哇走哇，一面走一面打听一面再议论，说'652'是什么个规模啊，生产什么样的汽车啊，后来到了'652'那个厂子的地方，一看什么也没有啊。但那时我们知道，组织上肯定是要我们来做事的。"[③]

中国的单位社会并不能完全归属于滕尼斯的社会，也不能完全归属于布莱登和科尔曼的共同体，更不是华尔德的绝对机械结合。它不仅体现了

[①] Y 厂建设工程代号.
[②] Y 厂建厂参与者访谈(2019).
[③] Y 厂建厂 50 周年纪录片(2015).

一种雇佣关系，还承担了一系列的政治功能和社会功能，使单位人在生产上依托单位、生活上依靠单位、思想上依赖单位、政治上依附单位，既是机械的构造，也是真实有机的生命结合，是集经济、政治、文化、生活于一体的特殊社会形态。

2. 单位的形成、畸变、重建与消解、多元探索

新中国成立 70 多年来，单位在社会主义建设和工业化进程中发挥着重要作用，见证了中国从农业社会向工业化、现代化的转变过程，也映射了中国从计划经济体制向市场经济体制的过渡转轨。作为城市社会的基本秩序，单位社会本身的变迁轨迹也是中国社会主义建设和发展的真实写照，经历了形成、畸变、重建与消解、多元探索四个阶段。

单位社会的发轫是在结束了近百年来的激荡与变革后，新中国成立后的首要任务就是巩固人民民主政权，而政权的巩固需要经济作为保障，需要组织作为载体。从经济角度出发，百废待兴的新中国决定效仿苏联模式，快步踏上赶超型工业化发展道路，在此背景下，大型国有工厂既满足了新中国对发展工业化道路的需求，也建立了"国家—单位—个人"的纵向连接控制机制，即单位成员依赖于组织、单位组织及政府控制个人的组织基础[1]；从社会结构出发，这种组织形式的历史机缘是由于中国共产党在武装斗争中建立农村革命根据地的组织基础和经验，这种模式虽在特殊的历史时期发挥了重要作用，但农村革命根据地和新中国成立后的城市社会存在本质性区别，不能够将建立农村根据地的模式和经验完全平移到城市单位社会中来，那如何将武装斗争时期的成功经验得以复制和推广，形成带有总体性的组织模式，中国共产党进行了探索，发现兼具"实验性"和"过渡性"的国有工厂是最佳的模式载体，因此，单位组织应运而生。

长春、哈尔滨、沈阳、大连等东北地区率先"解放"，单位社会得到发轫机会；进入"一五"计划阶段，中国和苏联两国政府经过多次谈判，商定由苏联方面分批分期以帮助设计、提供成套设备和主要建设物资等形式，

---

[1] 田毅鹏. 重回单位研究——中外单位研究回视与展望[M]. 北京：社会科学文献出版社，2015.

援助中国扩建156个建设项目(实际正式施工的项目为150个,但习惯上仍之称为"156工程"),其中具备了单位社会的空间需求、组织架构、制度等要素的Y厂、洛阳拖拉机厂等超大型国有工厂,成为单位社会的典型代表。伴随着特殊时期的到来,单位社会发生了剧烈变革,在"大跃进"和"左"倾错误的思潮下,单位社会打破了原有的组织依赖关系。"1966年下半年,由于'红卫兵'大串联高潮迭起,交通阻塞运输不畅,工厂的生产原材料和产品均被积压,尤其是许多企业由于'文革'的冲击,生产指挥系统失灵,生产秩序遭到破坏,到1966年底,工业企业的领导班子有5%~10%瘫痪,不少企业生产中出现了设备维修完不成计划,事故增多,产品质量下降的状况。出现了少数青工、徒工擅离生产岗位和协作关系中断等现象。基本建设经济效益明显下降,固定资产交付使用率由1965年的22.9%下降到18.1%。"[1]这些政治运动导致组织运营受到阻碍,单位社会无论是生产还是生活都几乎处于畸形的瘫痪状态。1966年5月7日,毛泽东同志提出"五七"指示,指示中提出:"军队应该是一个大学校,不仅是军队如此,全国各行各业都要办成一个大学校,包括工、农、商、学各条战线都要如此,这个大学校要学政治、学军事、学文化,又能从事农副业生产,又能办一些小工厂,生产自己需要的若干产品与国家等价交换的产品。""五七"指示的提出成为这一时期中国社会形态的统一期待,在此期待下各行各业开始了"大集体"式的社会主义基本形态的转变,中国社会形成了一个个小而全的单位社会。Y厂作为共和国汽车工业的示范基地,是典型的单位社会,在这一时期的"大集体"探索也可以称为典型。但在小共同体社会的单位内,单位的组织逻辑并非全部推翻重来,排除了"派系斗争"的小共同体得到空前的推崇,以工厂班组为单位的小共同体不仅是师徒、同门的关系,也是政治上的"同路人"。伴随全民革命浪潮的推进,单位人的家属也在政治斗争中不断寻找组织依赖,这在一定程度上扩大了小团体的规模,得到"父爱式集体主义"关怀的小共同体成员,照比原本单位人与

---

[1] 姜恒雄. 中国企业发展简史(上卷)[M]. 北京:西苑出版社,2001.

第一章 导 论

单位的关系，特殊时期的关系又增加了政治依赖性，与普遍意义的单位共同体不同，小范围的共同体在一定程度上实现了润色和增能。进入20世纪80年代，结束特殊时期的单位开始重建，阶级运动中大量被"下放"和被批斗的工人、知识分子、领导重新回到工作岗位，劳动力的大量回流导致企业出现劳动力剩余的现象。作为"共和国长子"的Y厂采取了"企业办社会"、子女接班制度等方式来消化劳动力，据当时的Y厂职工说："我们家不管(不仅)我这辈子没离开过Y厂，我们家三辈子都没离开过，我的父亲母亲是56年来的，来的时候还没有我，他们把我哥扔(安放)到天津了，我是59年出生的，'文化大革命'那时候我都记事儿了，小孩儿也不懂事儿，反正就是跟着瞎跑。完了后来这不就恢复生产吗，咱们厂这不就搞接班嘛，我跟我哥都到上班岁数了，但是我哥人家是车工，他是通过内招进的厂，我就接我父亲的班进的厂，后来就是我们车间的介绍认识我老伴，完了就结婚了。我为啥说我这辈子没离开过Y厂，我结婚是在单位食堂办的，也不算是婚礼，就是我们俩的领导、工友在食堂吃的饭，后来单位就分房子，包括我儿子上学都是在咱们厂学校，我记得当时的学校老师是北京来的呢，就是我们一家老小啊，那时候吃的、住的、上学、看病都是厂里的。后来我儿子儿媳妇都在Y厂，我儿子后来到了解放，我儿媳妇在报社，你说说吧，是不是三辈子都在Y厂。"[1]此时的单位在组织形态、组织依赖关系等方面都达到了前所未有的规模，改革开放初期的单位重组和扩建也为单位制走向消解与终结埋下隐患。随着改革开放和市场经济的不断发展，单位所承担的社会功能在企业改制过程中逐渐分离出来，由市场化的运作方式将其职能转向社会。作为计划经济的细胞，大型国有企业发生了重大变革。从大型国有企业的政府车间转变成为市场经济的微观主体，从厂办大集体到市场经济一分子的断崖式转变，给Y厂带来的不仅是一场简单的组织变革，更具挑战的是思想的交锋和利益的纠葛。Y厂走过了几十年的横向经济发展道路，到了十一届三中全会时期，国家倡导企业间联

---

[1] Y厂人访谈(2019).

合形成企业集团，Y厂被国家列为企业改制试点名单之首。为了顺应时代发展，完成国家交予的重要任务和使命，Y厂经历了长达几十年的变革。而在经历一系列变革前，Y厂的历史遗留问题也注定使这场变革难度更大。历史问题主要包括两个方面，一是"文化大革命"，二是"企业办社会"。"文革"期间，企业停工停产搞运动，给Y厂带来了巨大的经济压力，与此同时，大量知识分子、技术骨干、领导团队被排挤，导致Y厂在结束运动后的很长一段时间里都无法恢复正常生产。"企业办社会"则是更久远的历史遗留问题，1953年Y厂选址在C市的西南荒郊上，那里完全没有配套的生活设施，为了满足职工及家属的生活需求，完成厂房建设后的Y厂建设了许多周边企业，一位建厂职工回忆道："我们来的时候就是一片大荒地，我跟我爱人到的时候是冬天，那真是什么都没有，四点多钟就黑天了，出了厂宿舍往外看黑压压一片，我们这跟市里离得也远，没有车。我爱人到这一个礼拜就有点后悔了，她一看就这条件还咋把孩子接来啊，吃饭都成难题，别说把孩子接来上学了，于是就要回去。"[①]随着Y厂建设的不断推进，越来越多的人来到这里，形成了"职工10万，家属20万"的局面，选址远离城区和家属队伍的不断壮大，为Y厂的"企业办社会"埋下了伏笔。党的十一届三中全会后，国家倡导企业间联合形成企业群体，1992年Y厂集团成立，宣告中国经济体制转轨正式开始，打响了Y厂投资主体多元化的第一枪。但Y厂自建厂以来就是国有独资的单一投资主体，如何向投资主体多元化转变，意味Y厂将经历一场非同寻常的变革。

改制后的首要任务是应对投资主体多元化，建厂以来一直是国有独资的单一投资主体，经历了几个特殊的历史阶段，Y厂的债务越来越多，股份有限公司成立后，资本市场的力量不断冲击Y厂原有的经济所有制。其次是改制前"企业办社会"给企业带来的战略性负担，直接推给政府会导致政府负担过重，直接推向社会又很难生存。为了解决这些问题，Y厂于2005年成立实业总公司，有了独立核算、自负盈亏、自主经营的实业公司，集

---

① Y厂职工访谈(2019).

团的投资主体多元化困境得到缓解，但非强劳动力的人能干什么，职工家属如何安置，成为Y厂转型过程的又一难题。有了子公司的成功经验，Y厂决定将企业剥离社会，走公司化道路，扶持了各个领域的子公司和总公司。厂区医院、子弟学校、集团报社等相继成为子公司，独立核算、自负盈亏、自主经营的理念并不是绝对地植入到子公司当中，而是采用了灵活方式扶持子公司生存发展，直至独立。Y厂高等专科学校（以下简称汽高专）就是一个成功转型的例子，企业改制前汽高专是Y厂独资主办的子弟院校，每年都有3 200万元的"皇粮"供学校建设和发展；企业改制后汽高专采用校企融合的方式，建立学校与Y厂订单式人才培养方式，实习基地、实践经验、就业前景的优势使汽高专在同类汽车专科院校中的招生名列前茅，一度成为C市重点汽车专科院校。生活后勤的剥离难度还好，但生产后勤的难度很大，曾经大而全的生产战略成为Y厂改制的重要阻力，独立核算、自负盈亏、自主经营的生产子公司如何实现转变和独立，面临的不仅是制度的改革，更大的是利益的划分和观念的转变，这需要企业强有力的精神引导。在Y厂改制期间流传着一个"猴子的故事"：将改制的子公司比作小猴子，Y厂作为老猴子教会小猴子生存的本领后，小猴子要自己走入森林，学会觅食和生存。如何扶持这些小猴子独立，Y厂启用了新的人才管理制度，在职位晋升、福利配套等方面激发人才潜力。Y厂销售子公司中的人才制度规定"只要拿了项目就可以当经理"，这大大激发了人才的自主性和能动性，也提高了公司效益。劳动人事制度、工资分配制度、保险制度、用工制度、薪酬制度五个用人制度的推行，有效激发了企业活力。直至2009年，汽车开发区成立，Y厂改革基本完成，企业不断成功改制的过程也是单位逐渐走向衰落的过程，单位对于国家的依赖和单位人对于单位的依附性正在逐渐削弱。21世纪以来，伴随着市场经济的不断深入，单位社会走上了多元探索的道路，单位社会的变迁不是单一的直线变化，而是多元的曲线探索过程。这种多元探索主要具备三个必要性。首先，单位社会虽然在市场经济的冲击下不断衰退甚至走向消解，但是单位在中国社会中发挥的作用和地位仍然存续，甚至有很多学者认为新时代的社会形态将是"重回单位"的时代,虽然这种说法带有激进主义色彩,但是"后单位社会"时期共同体的功能和地位从来没有退出中国社会的历史舞台,而是在新的历史时期发挥不同的地位和作用。其次,单位社会的存续是国家治理和居民自治的重要手段,单位治理不断在国家治理中凸显出效用,伴随着单位社会的消解,这种有效治理的手段将以新形式出现。最后,单位社会的服务群体从未消失,在以往的单位和单位人定义中,单位人有资源交换、社会互动、政治依赖等需求,新时代的个体对"单位生活"的需求从未消失,虽然他们不再像以往的单位人一样属于一个个"大集体",但是这些生活在社会上的人仍然需要社会参与,特别是一些老、弱、病、残等弱势群体,他们对于社区生活的依赖非常强,青年群体则以兴趣爱好、特征等不同的划分维度形成了特有的社团、协会或组织,这证明了社会人对组织的需求,这些组织承担了单位原有的部分功能和地位,虽然与原本的单位社会的组织形态、政治地位不尽相同,但对于服务对象而言,组织所发挥的功能和作用与单位有所重叠。伴随着城市社区的发展,"后单位社会"时期的单位组织以不同形式重回视野,社区、社团、协会、个体化组织等单位形式的组织形态方兴未艾,单位社会所确立的"国家—单位—个人"的三层社会连接模式是国家理想社会建构方案和国民幸福生活的美好愿景,这种愿景不仅是国家纵向的控制体系,也是个体对于国家形成依赖关系的媒介。"单位社会终结"的结论并不准确,单位并没有完全消解,而是以多元发展的新形式存在于当今社会之中。

(二)单位纸媒与组织载体

1. 单位性与传媒性的重叠

单位纸媒作为组合名词,学界并没有对其做出明确界定。将单位纸媒拆分来看,单位是以"国家—单位—个人"为纵向主轴的单位社会;[①] 纸媒是指以纸张为载体的传播媒介,承载资讯传播、舆论引导、社会监督、文化传承等功能。将二者的概念进行融合后不难得出结论,单位纸媒是贯穿

---

① 田毅鹏,刘杰. "单位社会"起源制社会思想寻踪[J]. 社会科学战线,2010(06).

"国家—单位—个人"的单位社会内以纸张为载体的媒体。① 本研究所指的单位纸媒是国企工厂供单位人使用的报纸,以国家党政和单位内部要闻为题材,不以营利为目的,为单位职工提供阅读的内部刊物,兼具传统纸媒的传播性、引导性功能和单位组织的政治性、组织性功能的机关内部报纸。单位纸媒作为单位内部的传媒工具区别于传统纸媒的定义,不仅具备着纸媒广而告之的宣传功能,同时也因承担着单位的政治性任务而呈现出制度性的传媒特征。"Y厂纸媒紧紧围绕企业经济工作的中心,恪守'前瞻、敏锐、理性、真诚'的办报理念,紧跟时代步伐,贴近企业实际,贴近职工群众,准确、鲜明地宣传集团公司的重大方针政策,及时、真实地反映企业的生产经营、改革发展实践和职工队伍的精神面貌、生活方式,成为Y厂人了解企业情况、获取知识和信息的重要渠道。"②Y厂纸媒的单位性作为区别于普通纸媒的单位报纸,具有动员和转化生产力的重要作用。曾经的一任Y厂报社社长在发表讲话中指出:"媒体不是物质生产力的直接创造者,但它可以通过舆论引导转换、释放生产力。因此,Y厂集团报应紧密围绕集团公司的中心工作,大胆探索新闻改革的道路……我认为正确的舆论导向和专业的报道艺术的完美结合,当是企业报追求的最高境界,只有如此,才会做好真正有效、有益的宣传。我期待Y厂集团报能够恪守'发挥作用,为Y厂服务,引导舆论,与车城同行'的办报宗旨,一如既往地为Y厂的宏伟事业摇旗呐喊,擂鼓助阵。"③

2. 报社——组织中的组织

报社作为"单位纸媒组织"是组织中的组织,也因其兼具"单位组织"和"传媒组织"的双重身份,而展现出特有的角色特征,它不仅要符合国家扩大干预和加深政权建设中的法统逻辑,也必须在这种逻辑下迎合民族主义

---

① 魏昂德(Andrew G Walder). 共产党社会的新传统主义:中国工业中的工作环境和权力结构[M]. 龚小夏,译. 牛津:牛津大学出版社,1996.
② Y厂厂报总编辑(2000—2005)访谈(2015年).
③ 王兵.《一切从新开始》讲话,载入《第Y厂车集团报(1955—2005)》.

和现代化意识形态滋生的公民权利。[①]"单位纸媒组织"是被嵌入于单位系统中的内部组织,其组织定位的选择、组织架构的创建与变更、组织制度的制定与改革等均需为组织服务,单位通过对"单位纸媒组织"控制与管理,实现企业目的,单位纸媒是单位内的服务型组织。本研究选择了J省C市Y厂作为个案对象,作为东北老工业基地,J省C市Y厂是单位制的"典型示范"。[②] Y厂是我国第一个"五年计划"期间建设的"156项重点项目"之一。1950年成立筹备,1953年开工建厂,1956年正式投产,如今已经是有近七十年历史的大型综合性汽车生产基地。值得关注的是,本研究的介入视角——单位纸媒在Y厂中有完整的历史呈现,Y厂集团报与Y厂休戚与共,自1955年创刊以来,记载着Y厂近几十年的春秋历程,虽在特殊时期几度休停刊,但也正因为这种最直接的时代映射,使笔者能够更加直观地通过Y厂纸媒的兴衰把握单位制度的变迁历程,剖析Y厂纸媒的功能与效用。Y厂纸媒几度更名休刊,本研究将统一采用现行名称,即Y厂集团报,简称Y厂厂报。

(三)纸媒中的口述历史与社会学

1. 个体记忆到集体记忆的生成

通过对个体记忆分析访谈对象的个人动机、行动策略、情感价值,继而对当时社会环境以及时代背景,甚至是对整个单位社会现象及本质进行分析和报道,是单位纸媒成为社会学研究资料的价值所在,但因为个体记忆掺杂着复杂的个人主观色彩,并不能够被追求普遍意义的社会学完全应用。在社会学应用中,单位纸媒的个体记忆如何成就集体记忆,并转换成社会学研究中的有效工具,在此过程中有究竟哪些问题值得关注,这些问题都应加以具体研究。

社会学对于研究手段的规范和要求并不苛刻,但对于旨在获得普遍意义的社会学来说,口述历史作为具有浓重个人主义色彩的研究方法被提出

---

① [美]杜赞奇.文化、权利与国家:1900—1942年的华北农村[M].王福明,译.南京:江苏人民出版社,1995.

② 田毅鹏."典型单位制"的起源和形成[J].吉林大学社会科学学报,2007(7).

第一章 导 论

了更高的要求。"个体记忆载体"与"集体记忆映象"的转化需要注意此过程中的访谈对象，单位纸媒中的个体记忆载体一定是"人"。虽然个体记忆或许会随着亲历者年龄、阅历、处境等发生变化，或者受到周遭环境影响而发生改变，抑或宏大的历史车轮对个体的碾压使其记忆原貌的保留遭到破坏，但这些改变并不是个体有意为之的主动篡改。在社会学研究中允许存在偏差，也正因为这种被动的改变，展现出了个体记忆对于历史结构的回述。哈布瓦赫在其著作《论集体记忆》一书中阐释了关于个体记忆和集体记忆关系的看法，他认为："在某种程度上集体记忆是优先于个体记忆的，并且对于个体的记忆和行为起到重要的构建作用。"[①]这些个体记忆偏差的存在要求研究者将个体记忆认定为社会学研究工具的身份时，要把握个体记忆到集体记忆的转化规律。首先，研究人员既要避免集体记忆对于访谈人员的影响，将个体置于真空状态下去触碰最真实的个体记忆样本，也要把握集体记忆对于个体记忆的建构和影响，探析背后的动因。其次，记忆虽然是联结过去的重要途径之一，是反映时间和空间交织在个体记忆中形成的连续而不可分割的印象，但这种印象是个体基于其文化背景、生活环境等变量下进行选择性加工的结果。这就要求社会学研究者切忌把一切问题都归结为记忆问题，口述历史作为展现历史生活的方式，是个体在当下对过去记忆进行的重构。社会学的个体记忆应用是资料收集途径，尤其是个体记忆的运用更应当考虑其客观性。结合时代背景对个体记忆进行筛选和累积，才是获得有效口述资料的方法。这就恰如眼睛是观察世界的窗口，但不能够把眼睛定义为观察世界唯一的途径。通过对资料收集和整理选择合理的调研方法，筛查这种过度泛化的认知对我们理解具体情况更是有益而无害的。最后，对于个体记忆到集体记忆的生成过程要求口述者必须是同一单位社会中的个体或是同一历史事件的亲历者或参与者。在当代社会学研究中，口述历史对象往往都处于同一社会区域中，通常都是以单位社会为背景或针对某一研究领域对访谈对象的个体记忆进行调查。将这

---

① [法]莫里斯·哈布瓦赫. 论集体记忆[M]. 毕然，郭金华，译. 上海：上海人民出版社，2020：10.

些时间或空间重合的个体记忆生成集体记忆，并且对个体记忆与集体记忆交叉空间的记忆样本进行系统性分析研究，是透视整个社会关系和社会结构的有效视镜。

个体记忆到集体记忆的生成不仅要求记忆的真实性，也更注重集体记忆形成、发展、变异的过程；不仅要坚守口述者的人称视角和记忆集合体的选择，也切忌将记忆作为研究的唯一途径，过度夸大记忆的价值所在。

2. 单位纸媒中的集体记忆映象与社会学

单位纸媒在收集报道资料过程中常常采用口述历史的方式，口述历史因在集体记忆收集过程中，以时间发展脉络作为基点而更具连贯性，也因其接近民众生活且极具人文色彩而缺少社会学对于普遍意义的追求，因而在社会学中的应用利弊兼而有之。在口述历史中，个体记忆作为可变性较强的意识形态，首先要求的就是对记忆本身的真实性和准确性进行考证，一个群体的集体记忆是否存在偏差，对于社会记忆重构将会产生不可忽视的影响，对个体记忆本身和其生成的集体记忆的真实性是社会问题转化的基础。准确的集体记忆在一定程度上能够满足社会学研究对资料准确性的要求，它能够跨越时间、空间等因素限制，达到研究资料在时间上的连贯性以及空间上的跨越性，使得研究资料更加全面、群体性更强、更具备时代性。社会学中集体记忆存在的真实意义，并不仅仅是为了对过去进行还原和保存，而是借助过去这些集体记忆中保留下的有效遗迹，对历史社会进行回望和解析，抑或对个体记忆重构的行动内涵进行剖析。与历史学、新闻学等学科运用相比，存在着明显差别。一方面，社会学研究对于口述资料真实性和可靠性的要求更加严格，建立在偏差记忆基础之上的社会学研究必定是扭曲的；另一方面，社会学对于研究过程的剖析，使其对口述历史方法的运用更加严谨，社会学更注重对影响记忆变形过程中的内外因素进行分析。在此基础上，如何从已经获得的集体记忆资料中还原社会现象、提取社会问题、实现集体记忆到社会问题的转化，成为口述历史与社会学融合的第二个问题所在。

实现集体记忆到社会问题的转化，要实现"割裂"和"重建"两个过程。

第一章 导 论

"割裂"是进行"重建"的预设前提,"重建"是"割裂"的进一步迈向。集体记忆是集体对历史记忆的展现,没有集体重构的单纯变化只能说是一种对变迁的呈现,对于变迁过程的展现并不是社会学的研究范畴,而是史学的研究范畴,只有将集体记忆从历史空间断裂开进行应用,才是社会学对集体记忆进行重建、还原社会现象、寻找社会问题的研究所在。因此,要证明对历史的记忆是重建的,首先,要保证集体记忆"割裂"的发生,这就要求对集体记忆有效资料的把握,要寻找时间与空间在集体记忆当中的交叉点,从个体、家庭、阶层、宗教等维度来综合考评集体对某一记忆点的生成体系和内涵,将集体记忆置于从历史到现代的时间长河中进行重新洗牌,而不是单凭个体口述的集合来阐述社会现象。由个体记忆到集体记忆的生成确保了记忆的有效性,而由集体记忆到社会记忆的转换则需对集体记忆进行筛选、辨析,探讨分析与之相关的社会记忆,在此基础上将集体记忆与原有的时间和空间"割裂"开,对社会制度、结构、形态等做出新的认识,剖析出这些因素对集体记忆的影响才能构建出合理的社会学研究框架。其次,对集体记忆进行信息"重建"是社会学思考的重点,根据史料还原历史的真实面目是集体记忆"重建"的前提,以此保障当下的理解确实是对集体记忆的准确重建,而非为了"重建"对历史进行任意扭曲。站在当今时代舞台回望集体记忆的生成路径和选择策略的内在动因是社会学研究的核心要素,也是集体记忆向社会学研究转化的关键步骤,这要求研究者不仅要掌握丰富真实的研究资料,还要具备扎实的社会学根基和想象力。最后,则要证明这种"割裂"与重建"发生在各时期,并不是现代性独有的问题,也并非社会学为了"割裂"和"重建"而进行的独特创造。

口述历史更多的是研究者通过与个体"对话",对个体记忆进行信息收集,而社会学研究则是建构一个时代的社会记忆,从而洞悉时代现象的生成逻辑。总而言之,社会学终极目标不只是对于过去记忆的回顾和还原,还是通过对集体记忆的信息"割裂"与"重构",对集体记忆生成或畸变过程的内在原因进行剖析,重新认知过去的社会结构和秩序,为解决现实问题寻找历史根基。

综上所述，口述历史在社会学中的应用实质上是从个体记忆到集体记忆、从集体记忆到社会现象的过程，通过对个体记忆的收集，寻找某一群体在时间或空间上的记忆共同点，对集体记忆进行信息重构，或者通过集体记忆对社会结构、形态等做出新诠释。口述历史是一种研究工具，是研究者通往过去的桥梁，成为个体、集体与社会跨越时间、空间限制能够链接在一起的纽带。它使社会学的研究资料更具备时代性、全面性以及连贯性，但要做到坚守口述者的第一视角和口述群体的真实契合，避免将一切研究问题泛记忆化。在社会研究转化中则要求研究者做到"割裂"和"重建"，并保持这种"割裂"和"重建"的历史普遍性规律。通过同一群体个体记忆的收集形成集体记忆，将集体记忆进行信息重构，继而形成社会记忆，这就是我们最终想要达成的社会学研究目标。

二、经久不衰的学派讨论

单位纸媒作为单位政治宣传、信息传递的手段或方式，在不同的历史时期承载着不同的功能，与单位制的发展变迁密切相关。单位纸媒作为单位事项宣传、典型塑造和社会动员的重要载体，是国家实现政权巩固的一种手段和方式。笔者通过对相关文献的研读发现，国内学者对于单位制以及单位纸媒的研究已经分别从社会学视角和新闻传播学视角取得了一定的成果，国外学者则对于单位制和典型塑造以及社会动员的研究也有所累积，这些都为本研究奠定了基础。单位纸媒是在单位制度背景下国家为了对单位人进行思想引导以及推动国有企业生产和发展而创造出来的一种传媒类型，其研究和分析都不能离开单位制和单位人。所以，笔者将从单位制和单位纸媒中对单位人的研究两个主要方面进行具体的阐述。

（一）单位社会的国内研究范式

1. 单位制的相关研究

单位纸媒作为单位制度下的产物，其形成和发展受制于单位制度，因而围绕着单位制度，从其形成、变革两方面考察过往的研究脉络，为本研究奠定了理论基础。

第一章 导 论

(1) 单位制度形成的相关研究

在国内的单位制度研究形成规模之前，学者们对单位的概念进行探究，国内早期研究单位的学者路风认为："单位是控制和调节整个社会运转的中枢系统，由与组织系统密切相结合的行政组织构成。"[1]从路风对于单位的定义可以看出他着重肯定了单位的控制功能，并且以此为主线，梳理出了单位的主要特征：单位具有功能合一性，将政治、经济以及社会功能集于一身；各生产要素之间存在非契约关系；资源之间不可互相流动。[2]自此之后，学者们普遍沿着"国家—单位—个人"的研究路径，深度探析单位如何实现社会调控和社会功能整合，以此对单位中的成员进行组织和控制。李路路作为国内单位研究的先行者，他将单位定义为："国家进行资源分配以及社会控制的方式。"[3]与之有着相似观点的王沪宁亦认为："单位是一种特殊的组织形式和社会调控形式，能够对社会资源进行分配以及对社会进行有效调控。"[4]

所有的制度在成熟之前必然要经历"形成—巩固—强化"的过程，因此单位制度在其形成阶段亦需要经历时间的锤炼和洗礼，才能实现最终的制度完善。学者们以此为背景，从不同角度对单位制度的形成及原因进行了分析。

从历史的角度来看，学者们对于单位制度的起源持有不同的意见，路风认为："单位制度起源于中国共产党革命根据地的组织形式，在中国共产党逐渐夺取政权之后将这种组织形式在全国进行推广。因此，单位这一特殊的组织形式是在特定的历史条件下形成的"。[5]而卞历南的观点则与之不同，他认为："'单位'这种国有企业制度的统称是源于国民党在战争过程中为了使国家制度合理化而衍生出来的一种特殊形式，是为了满足战时

---

[1] 路风. 中国单位体制的形成和起源[J]. 中国社会科学季刊(香港)，1993.
[2] 路风. 单位：一种特殊的社会组织形式[J]. 中国社会科学，1989(1).
[3] 李路路，李汉林. 中国的单位组织——资源、权力与交换[M]. 杭州：浙江人民出版社，2000：126.
[4] 王沪宁. 从单位到社会：社会调控体系的再造[J]. 公共行政与人力资源，1995(6).
[5] 路风. 单位：一种特殊的社会组织形式[J]. 中国社会科学，1989(1).

供应的临时性办法。"① 由此可见，从历史场域的角度来看，学者们对于单位制度的起源在一定程度上受到政治因素的影响，因而对于单位制度的起源无法形成一个统一的说法。

从结构主义的视角出发，针对单位制度形成的原因，学者们提出了不同的观点，其观点各有侧重角度。刘天宝及柴彦威针对单位制度的形成提出了"资源—制度—空间—实践的新框架"，认为："单位制度的形成是共产主义、国家主义、全能主义以及国内外基本条件、基本判断知识等对权威性和配置性资源的控制，进而实现权力的支配，在社会现象层面表现为制度、空间以及实践三个基本维度，知识对资源的支配是决定单位形成的深层结构。"②刘天宝认为："单位制度的形成是一个循序渐进的过程，在其形成阶段受到多重因素的共同作用，如目标、历史基础、现实条件以及偶然因素。目标因素主要包括了当时计划经济的要求、生产性城市的定位、社会秩序等；历史基础则被认为是重要因素之一，主要包含了传统文化中'家'文化、集体观念以及权威观念等，这些历史基础与单位中的组织、管理以及运行之间存在着一致性，进而影响了单位制度的形成；此外单位制度得以形成的另一个重要因素则是中国共产党的革命实践。"③在其观点中，他指出由于当时的国内社会现状以及国内资源短缺等因素影响了单位制度的形成。此外，偶然因素在一定程度上对于单位制度形成的影响亦不容小觑，刘天宝认为当时最重要的偶然性因素则是毛泽东的个人影响力。杨晓民则从"科层同构"的角度出发，认为："单位制是构成单位社会所有的正式和非正式制度。"④田毅鹏认为："单位社会的形成并不是一个偶然的'学习'、'移植'抑或'创造'的过程，它是在19世纪我国社会的特殊背景之下为了拯救国家和社会危机，中国的一些政治精英采取的一种'重建社会'的

---

① [美]卞历南. 制度变迁的逻辑：中国现在国营企业制度之形成[M]. 杭州：浙江大学出版社，2011.
② 刘天宝，柴彦威. 结构主义视角下中国城市单位制的形成逻辑[J]. 人文地理，2012(3).
③ 刘天宝，柴彦威. 中国城市单位制的影响因素[J]. 城市空间，2012(6).
④ 杨晓民. 中国单位制度[M]. 北京：中国经济出版社，1999：96-105.

根本性措施。"①所以，从上述学者的研究中可以总结出：单位制度的形成是在特定历史条件下，我国的政治精英为了应对当时的社会危机而采取的一项特殊的措施，因而单位制度在一定程度上承载着重建社会、推动经济发展以及激发民众凝聚力等方面的重任。

不可否认的是，单位制度的形成和起源并不是一朝一夕的，抑或单方面因素导致的，它需要多重因素在共同作用下进行建构，它的形成和起源肩负着重大的历史使命，主要承担着资源分配和社会调控的功能，通过单位对单位人进行指导和控制，达到动员社会生产力和维持社会秩序的最终目的。

但是，随着时代的发展以及社会需求的不断转变，单位制度原有的功能和作用已经无法满足现实需求，故而导致单位制度为了顺应社会现实而发生变革。这一变革同样引发了单位纸媒这类单位制度下的产物同步发生转变，也引发了对单位制产物的议题的探讨，其中对于单位纸媒的讨论主要集中在典型塑造和社会动员两个方面。

（2）单位制度变革和走向的相关研究

单位制度在特定的历史时期为我国的经济建设以及政治建设起到一定的积极作用，它在当下克服了传统社会的"总体性危机"，为社会主义现代化建设提供了良好的制度基础以及组织保障。但是，随着时代的发展以及全球化经济时代的到来，原有的单位制度面临着诸多挑战和困难，在改革开放的冲击下发生了不同程度的变革。关于单位制度的变革以及走向的研究，学者们主要持有两个截然不同的观点。第一种观点认为，单位制度是在我国计划经济体制的驱动下产生的，随着计划经济体制的消亡、市场经济时代的到来，单位制度必然会随之发生变化，最终走向消亡。刘平等人在研究限制介入性国有大型企业时发现："在限制介入性国有大型企业内部，其结构关系发生了重组，结束了过去'一企一制'的传统局面，转变为

---

① 田毅鹏，漆思."单位社会"的终结——东北老工业基地"典型单位制"背景下的社区建设[M].北京：社会科学出版社，2005：4.

'一企两制',从单位制走向'新单位制'。"[1]秦勃提出了相似的观点,认为:"'去单位化'已经是一种社会的现实表现,单位所呈现的功能正在逐渐弱化,过往的单位机制以及模式正逐渐走向消亡,所有原有的单位制度在此背景之下都逃脱不了消亡的命运。"[2]这样类似的观点并不少见,甚至有些学者的观点更加尖锐、直接。例如何海兵认为:"单位制度受到所有制结构以及社会流动等多重因素的影响,其赖以生存的'土壤'流失,进而导致单位制度不得不走向崩溃和消亡。"[3]此外,郝彦辉等人认为:"随着单位制度的消亡,必然会出现一个新的制度取代它,而社区制度则满足了当下社会、民众的基本需求,能够成为新的社会基层管理体制。"但是,其他学者认为取代单位制度的并不是某个单一的体制,"单位制并不一定会转变为社区制,国家实现对人民的管理可以有多种方式供以选择,互联网则有可能成为这一媒介,使得国家和人民之间可以跳过第三方实现直接的管理"[4]。第二种观点则与之相反,他们从帕森斯的系统理论出发,认为单位制度一旦形成之后,其内部各个部分都将联合起来抵制单位制的变迁,为了保障其内部关系以及结构不受到体制变迁所带来的影响,进而使得单位制度出现不断加强的趋势。李路路、李汉林则认为:"无论是过去还是将来,单位制和单位组织依旧是映照我国城市社会结构不可或缺的视角。"[5]王晓进认为:"单位是组织进行资源、权力交换的场所,这个交换场所是社会主义财产制度分配不可或缺的土壤,中国走社会主义路线的决心不动摇,单位组织就有生存的空间。"[6]曹锦清、陈中亚认为:"单位组织中的利

---

[1] 刘平,王汉生,张笑会.变动的单位制与体制内的分化——以限制介入性大型国有企业为例[J].社会学研究,2008(3).

[2] 秦勃.我国社会转型镜像中的"单位制度"——兼论"社区制度"发展的必然性[J].社科论坛,2009(10).

[3] 何海兵.我国城市基层社会管理体制的变迁:从单位制、街居制到社区制[J].管理世界,2003(6).

[4] 马卫红,桂勇.从控制到治理——社会转型与城市基层组织框架的变迁[J].华中科技大学学报(社会科学版),2008(05).

[5] 李路路,李汉林.单位组织中的资源获取与行动方式[C].中国社会学年鉴(1995—1998).北京:社会科学文献出版社,2000.

[6] 王晓进.社会主义财产制度分析背景[M].北京:北京工业大学出版社,1989.

益和权力关系,决定了单位人的行为选择和行动策略,从而对单位组织的结构和行为方式,乃至对社会的制度体系产生影响,组织与人的互动只要生产生活的需求还在,就不会停止。"①

虽然,学者们对于单位制度的改革和走向并没有达成统一的看法,甚至呈现出两种截然相反的观点,但是他们都认同了单位制度发生变革这一现实情况,无论是单位制度走向消亡,还是单位制度走向加强趋势,都足以说明现在的单位制度已经与原来的单位制度存在了根本性的区别。田毅鹏和刘杰从单位本身出发,认为:"在单位制度改革背景下,单位受到了如下几方面的冲击:第一是产生了新的单位体制外的组织;第二是单位成员逐渐流向体制外;第三是社区逐渐替代了单位的职能;第四是大量的单位开始走向破产及改制;第五是大量的国有企业走向破产和改制。"②还有一部分学者则将单位制度改革所产生的影响集中在单位人的范围,"正是由于大量的国有企业走向破产和改制,导致下岗群体的出现。但是限制介入性的大型国有企业却凭借着资源占有和分配的优势,使得其企业内的单位人获得了更好的福利,打破了原有社会平均分配的局面,进而加速了国有企业的分化,单位人与普通工作者之间的差距亦越来越大"③。

综上,从现有的研究来看,单位制度的变革无论是部分学者所认为的消亡,还是另一些学者所认为的趋势加强,都表明了单位制度在市场经济的推动下已然发生了变化,无论是消亡还是加强,它于单位本身还是单位中的单位人,抑或与之相关的外部环境都产生了巨大的影响。因而,系统地去考察单位制度变革背景下其内在要素的变迁逻辑和轨迹,对理解中国国有企业变革以及社会的变迁具有重要的意义。

2. 国内典型塑造与社会动员的相关研究

(1)典型塑造的研究

中国在进行国家治理的过程中,擅长通过典型塑造的方式达到教化的

---

① 曹锦清,陈中亚. 走出理想城堡——中国单位现象研究[M]. 深圳:海天出版社,1997.
② 田毅鹏,刘杰. "单位社会"历史地位的再评价[J]. 学习与探索,2010(04).
③ 刘平,王汉生,张笑会. 变动的单位制与体制内的分化——以限制介入性大型国有企业为例[J]. 社会学研究,2008(3).

效果,继而实现国家对民众的治理。冯仕政以及苗春凤等人认为在整个中国社会中,典型塑造是一个常见的活动。纵观中国几千年的历史文化,自古就有通过塑造典型以达到教化或者警戒目的案例。为了实现对民众的思想引导或行为导向,将典型塑造作为一种手段以达到最终目的,而典型塑造不只是正面典型,还包含了反面典型。但是从现有的研究来看,学者们更多的是从正面典型塑造进行研究,从不同角度对其进行深入剖析。刘林平等人从宏观角度对"典型塑造"进行了具体的阐述,认为"典型塑造"是计划经济体制时期政府进行经济和社会管理的方式之一,并从社会条件、利益驱动机制等多个角度对其进行探讨,政府希望通过"典型塑造"达到"趋利避害"的效果,但是这一时期人们盲目进行"典型塑造"而忽略了社会现实,最终导致整个社会经济发展受限。由此可以看出,"典型塑造"的初衷是为了达到对广大人民群众做好榜样、激发人民群众的内在动力的目的,但是如果"典型塑造"过度,将会适得其反。

每一个时代的需求都会有所不同,"典型塑造"的目的亦会有所变化。冯仕政认为:"在中国特殊的'中心—边陲'二元分立的社会结构下,典型是政治权威为了加强对基层社会的动员、控制和整合而采取的一种治理策略和技术,而且典型与政治权威之间往往结成一种特殊形态的庇护主义关系。"[1]也就是说,"典型塑造"在特定的时期、特定的地点更多的是从政治角度出发,是国家对基层人民群众实现有效管理的一种政治手段,是理想价值的一种寄托,亦是工具功能的一种体现。但是也正如苗春凤所说:"'典型塑造'会随着社会文化的变迁,其所造的典型的类型、标准以及方式都会发生一定程度的变化,甚至'典型塑造'所要发挥的功能也会随之改变。"[2]

在"典型塑造"的研究中,学者们更多的是从宏观层面对"典型塑造"进行剖析,也有学者针对"典型"的经验进行了具体的分析。岳谦厚、刘威认为:"陕甘宁边区劳模运动是中共在抗战时期根据地政权建设的基本内容,

---

[1] 冯仕政. 再分配体制的再生——杰村的制度变迁[M]. 北京:国家行政学院出版社,2002.
[2] 苗春凤. 典型中国:当代中国社会树典型活动研究[D]. 上海:上海大学,2009.

第一章 导　论

也是中共中央领导陕甘宁边区社会建设的新型组织形式，或者说'劳动英模'运动是创造和推广典型的运动，这一时期主要是通过政治典型实现政治动员的目的。"①在新时代的劳模亦是"典型塑造"的一种类型，是国家延续党和政府进行政治治理的一种方式，同时在这一时期"典型塑造"被赋予了更多的意义——通过"典型塑造"，树立劳动模范，继而激发人民群众的工作热情以实现经济动员。

（2）社会动员的研究

社会动员作为国家治理的重要方式和手段，是国家治理能力的一种体现。传统的社会动员更多的是出于政治目的来实现国家建设。随着时代的发展和需求的改变，社会动员逐渐偏离政治轨道，转型到经济目的上。国内学者对于社会动员的研究以时间为线，对1949年之前的社会动员研究侧重于革命战争时期中国共产党对民众的社会动员，以"历史经验"与"革命遗产"的面貌呈现。在革命实践中动员更多地强调的是自上而下的"发动"，因此，在一定意义上等同于政治动员。这一时期的社会动员手段多样，多以"典型塑造"以及"土地改革"实现对广大人民的社会动员，激发人民群众对中国共产党的认可和爱国主义情怀，实现政治动员的目的。此外，也有学者从国家政权的角度探讨社会动员，集中在各项制度和组织层面的建设上，从基层政权到司法、教育和医疗等各个领域，特别是以城市单位制和农村人民公社制为总体制度构架，不断通过"政治运动"实现国家动员与国家建设的目标。不可否认的是，在现有的研究中，学者们对于社会动员的探讨更多的是从政治角度出发，而社会动员最初的目的则是实现政治动员，并认为社会动员是政治传统和执政方式。正如李德成等人所说："一部中国共产党的历史，就是中共进行成功的社会动员的历史。"②这足以说明有效的社会动员能够推动中国社会的发展和进步。

社会动员的方式并不是单一的，孙立平认为："社会动员可以分为命

---

① 岳谦厚，刘威. 战时陕甘宁边区的劳动英模运动[J]. 安徽史学，2011(1).
② 李德成，郭常顺. 近十年社会动员问题研究综述[J]. 华东理工大学学报（社会科学版），2011(6).

令式动员、参与式动员、运动式动员和组织化动员,后三者是在'总体性社会'中国家对社会所采用的主要动员方式。"①国家针对不同历史时期和区域,对人民群众采取不一样的社会动员方式。国家通过对土地所有制等经济制度的改造和意识形态的动员,建立了以集体经济为基础的"集权式乡村动员机制",国家行政权力冲击甚至取代了传统的社会控制手段,地方政府及乡村干部通过代理方式实现了对乡村社会权力的垄断。但是,社会动员的政治目的逐渐弱化,经济动员逐渐成为主流,最终目的还是巩固政权以及实现国家治理。比如在现代化早期,由于经济基础薄弱、物质匮乏、生产力水平较低,依靠市场手段一定程度上可以实现资源的调配,但难以在短期内刺激经济的快速发展,特别是在一些重大的国家项目建设中,社会动员则可以发挥资源整合的聚集作用。改革开放以来,中国共产党在一些重大的国家经济发展战略和项目建设中都充分运用社会动员来调动国家资源,这些工程项目包括修建三峡大坝、小浪底工程等。"党的十八大以来开展的精准扶贫也是一场规模宏大的社会动员,在国家动员下,除了各级党政机关和党员干部外,各类高校、医院、国有企业、军队和武警部队、民营企业、社会组织和个人通过多种形式参与扶贫开发,形成了政府、市场、社会协同推进的'大扶贫格局'。"②

综上,社会动员是国家治理的一种方式和手段,在不同的历史时期和区域,国家社会动员从政治动员转向了经济动员,但是最终都回归至国家治理中,这是中国共产党执政能力的一种体现,亦是其巩固政权的一种方式。

(3)单位纸媒典型塑造和社会动员的国内研究

单位纸媒在不同时期承载了不同的社会职能,但是单位纸媒的最终目的是产生社会动员的效果,尤其是在抗战时期,无论是中国共产党还是国民党都选择通过报纸进行抗战宣传和动员,达到扩大社会影响力的目的。冯敏指出:"抗战时期甘肃、青海两省通过报刊进行战时的民众动员,甘

---

① 孙立平. 动员与参与——第三部门募捐机制个案研究[M]. 杭州:浙江人民出版社,1999.
② 贺治方. 国家治理现代化视域下社会动员转型研究[J]. 湖湘论坛,2018(5).

青报刊与民众互动不仅表现为报刊制造舆论、动员民众，民众响应报刊界的号召支援抗战。而且民众也直接影响着报刊，促使报刊界适应形势及民众的需求，使自己焕发了更多的生命活力。"[1]唐海江则从政治文化的视角对清朝末年政论报刊的社会动员进行了深入剖析："政论报刊与政治文化之间的关系更加紧密，成为国家进行政治宣传的一种手段，也是进行民众动员的一种机制。"[2]唐海江从社会功能角度出发，以政治文化动员理论作为切入点，突破了过往对于单位纸媒研究的视角，但是对单位纸媒的社会动员的具体运作并未做出详细的阐述。张红春则以《群众》周刊为视角，[3]详尽地研究了中国共产党在国统区的抗战宣传和动员，具体阐述了《群众》周刊的创刊背景、出版和发行情况、作者群和读者群这些无不与中国共产党和当时的抗战环境紧密联系的因素，为研究中共在抗战不同时期的政治主张做了铺垫。无论是出于政治目的还是经济目的，国家或是单位以单位纸媒作为载体，向人民群众进行思想引导和政治宣传，通过宣传鼓动和教育发展政治文化，实现"软控制"的动员机制。此外，通过单位纸媒可以使得其功能发挥至最大化，利用单位纸媒在群体间和区域内的认可度，以灌输的方式，将国家或者单位的方针政策、思想导向传输给广大人民群众，继而达到社会动员的目的。

  典型塑造与社会动员之间存在着一定的关联性，某些情形下通过典型塑造达到社会动员的目的。单位纸媒借助树立典型，将其进行广泛宣传，通过示范力量的建立达到社会动员的效果。萧体焕明确指出："早在十月革命胜利不久，列宁就提出要用'公开报道的方法，把枯燥的、死板的官僚主义的工作报告变成生动活泼的榜样'，而且也只有在无产阶级政权下，'榜样的力量'才'有可能发挥出来'，正是在列宁的新闻思想指引下，苏联

---

[1] 冯敏. 论社会史视野下的报刊与民众动员——以抗战期间甘青报刊为例[J]. 青海民族研究，2009(20).

[2] 唐海江. 清末政论报刊与民众动员：一种政治文化的视角[M]. 北京：清华大学出版社，2007.

[3] 张红春.《群众》周刊的抗战政治动员研究[D]. 湖南：湘潭大学，2013.

的新闻媒介塑造并报道了马特洛索夫、卓妞等典型人物。"[①]典型塑造所强调的社会功能是为人们树立榜样,继而激发人民群众的潜能。不同时期典型塑造的社会功能以及社会动员目的都有所不同。在抗战时期,典型塑造以英雄人物为主,目的是激发广大人民群众的爱国情怀继而达到政治社会动员的目的;而到了经济建设时期,典型塑造以生产能手、劳动模范等为主,目的是通过榜样的树立激发劳动人民的工作热情,释放劳动力,继而到经济社会动员的目的。换而言之,典型塑造具备了显著的宣传色彩,但其最终目的是社会动员。

由此可见,单位纸媒在不同的时期所承载的社会功能的最终归宿即是社会动员。唐海江对于政论报刊的研究为我们提供了一个新的视角,即我们可以从社会功能视角出发,探索其政治文化动员的具体脉络。但是随着时代的发展,单位纸媒的社会动员功能不再局限于政治,当代社会中单位纸媒的社会动员更多的是出于经济目的,单位希望通过纸媒加深企业职工对单位的认同感,继而为企业创造更多的效益。单位纸媒社会动员目的的转变为本研究提供了一个新的思路:Y厂集团报历经岁月的洗礼,走过了一段峥嵘岁月,在对其进行研究时,应该从政治、经济、文化、生活等多方面对其社会动员进行探索,以组织—结构为视角,突破单位纸媒的社会动员研究的局限。

(二)单位社会的国外解读及扩展

1. 单位社会的国外研究

目前,学界普遍认为最早对我国单位进行研究的国外学者是美国社会学家 A. 华尔德,他于1986年对中国的单位制度进行了描述和分析,通过展现中国国有企业员工的日常工作和生活剖析单位社会的权力结构,进而开启了我国当代单位制度研究的新篇章。

单位纸媒是单位制度背景下党和政府在企业中进行思想引导以及企业向外展开宣传工作等的载体,因而在对单位纸媒进行组织结构和纸媒功能

---

① 萧体焕. 关于典型报道的几点思考[J]. 新闻战线,1990(4).

第一章 导 论

研究之前必须理顺有关单位制度的相关成果。单位作为一种特殊的社会组织形式，长期受到国内外学者的广泛关注，并且一部分国外学者对于单位的研究在该领域占据了一定的影响力。美国社会学 A. 家华尔德则是最早研究我国单位的外国学者，他在《共产党社会的新传统主义——中国工业中的工作环境和权力结构》中对中国的单位制度进行了系统的分析，同时提出了"再分配制度"的概念。[①] 但是华尔德并没有把宏观层面的再分配体制作为其研究的重点，而是将研究的目光聚焦在单位组织内具体的日常活动中，进而寻找到组织行为背后的隐藏机制。华尔德虽然开创了"新传统主义"范式的单位研究，但是一些国外学者对"新传统主义"概念的普遍性提出了质疑。佩里指出："华尔德在进行中国单位研究的时候，没有充分考虑中国劳动场域的复杂性和多样性，华尔德对于中国工业的研究并没有涉及全国范围，因此研究结果缺乏全面性和普遍性。此外，中国国有企业中的工人并不都是具有编制的'单位人'，更多的是企业中的临时工，中国的绝大多数工人群体都处于集体企业中。所以，单位制度的变革对于这类群体的影响并没有国有企业中的'单位人'感受强烈。这类群体亦很难获得由国家分配的资源以及传递的各种政治信号。"[②] 而针对单位制度变迁背景下"新传统主义"庇护模式的状态，美国学者 Lee 则从市场化改革以及再分配制度的逻辑出发，认为："过去典型的单位制组织也会在市场机制的推动下，实现组织方式的转变。此外，企业中的工人群体也发生了一定程度的分化，单位制中的'新传统主义'特征在一些中小型企业中基本上消失殆尽，而新兴的一些工厂和民营企业中呈现出了'去组织化'的专制主义特征。"[③]

由此可见，虽然"新传统主义"的提出为中国单位的研究提供了一个新

---

① [美]A. 华尔德. 共产党社会的新传统主义——中国工业中的工作环境和权力结构[M]. 龚小夏译，香港：牛津大学出版社，1996：14-15.

② Perry E J. State and society in contemporary China[M]. World Politics, 1989, 41(4): 579-591.

③ Lee, Ching Kwan. The Transformation Politics of Chinese Working Class[J]. China Quarterly, 1999(2).

的视角,不再局限于极权主义和多元主义范式,但是"新传统主义"却忽略了市场经济体制的介入以及国企改革对于单位组织所产生的影响——单位组织发生了"身份化"向"契约化"的转变,进而引发了其他学者对其研究的质疑,这使我们在今后的研究中得到一定的启发:在进行单位制度的研究时,应该从多元出发,回归到单位组织场域中,对组织的真实运作过程、管理制度、生产模式等进行全面的分析,实现单位制度研究的突破。

2. 典型塑造和社会动员的国外研究

国外学者以中国作为切入点,深入探索了中国社会的典型塑造和社会动员样态。在他们看来,中国社会为了实现国家治理和政权巩固,通过典型塑造实现"榜样社会"的构建,继而达到社会动员的效果。诚如德国学者乌尔里希·贝克对中国社会中的"榜样"、社会控制与社会秩序之间的关系的梳理,阐述了中国社会通过建立"榜样社会"实现集体化时代的治理。[1]典型塑造实质上承担着社会动员的重任,政府通过进行典型塑造对人民群众实现思想引导和教化,继而达到社会动员的目的,但是从目前已有的文献来看,国外学者对于典型塑造和社会动员关系的研究并不多。美国学者安东尼·奥罗姆认为,"之所以会出现研究上的空白,可能是因为典型塑造是由中国政府主导的,为政府宣传所用,尤其是与毛泽东时代大量政治运动有关,具备中国特色的研究范畴必须要身临其境地被这种文化洗礼过或者有世世代代的传承经验"[2],继而导致这方面的国外研究甚少。典型塑造不只是局限于个体或是人,中国为了实现国家的治理和对人民群众的社会动员,尤其是乡村社会,通过塑造一个模范村达到社会动员的目的,而这也引起了国外学者的研究兴趣。一些国外学者深入到中国农村,但受到各种主客观因素的限制,他们的田野调查较为局限,也有国外学者从田野调查中探索出了典型塑造与社会动员之间的关系脉络。美国学者费里曼等人认为:"一些村庄被塑造成典型之后,在国家的庇护之下逐渐发展起来,

---

[1] [德]乌尔里希·贝克. 风险社会[M]. 何博闻,译. 南京:译林出版社,2004.
[2] [美]安东尼·奥罗姆. 政治社会学[M]. 张华青,孙嘉明,等译. 上海:上海人民出版社,1989.

第一章　导　论

为其他村庄提供了'模范'作用，继而激发这些村庄的内在动力，实现乡村治理的社会动员效果，并且揭示了在社会动员的背景下，地方文化与关系网络之间的内在联系。"[1]中国社会的典型塑造主要为社会动员服务，而社会动员则以政治动员为目的。国外学者普遍认为，中国的社会动员是中国共产党巩固政权的一种方式，并且形成了一个较为成熟的"动员—巩固"模式，进而出现了中国特有的"动员机制。"[2]

虽然国外学者关于典型塑造和社会动员的研究和著作并不多，但是他们对于典型塑造和社会动员的论述以及总结出的经验都是以中国作为研究对象的，值得我们去学习和借鉴。我国的典型塑造和社会动员的目的随着单位制度的变革和时代发展的需求亦发生了功能及性质的变革，国外学者从他者的角度对这一问题进行了阐述，帮助我们理清了典型塑造和社会动员的发展脉络，因此，我们可以从国外学者的研究中"取其精华，去其糟粕"，深刻认识我国典型塑造和社会动员的内在动因和机制。

(三) 历史演变到学科贡献的简述

从国内外现有的研究成果来看，我们可以清晰地认识到单位制度、单位纸媒、典型塑造和社会动员在不同时期发生的变革和产生的影响。但是目前的研究成果中对于单位纸媒典型塑造和社会动员的研究尚未形成规范性研究。单位纸媒作为典型塑造和社会动员的载体之一，承载着协助国家和中国共产党进行国家治理和政权巩固的重任。但是随着单位制度的变迁，单位纸媒的典型塑造和社会动员的功能亦悄然发生了变化，虽然最终的落脚点依旧是国家治理和政权巩固，但其政治功能逐渐被经济功能所替代。单位纸媒的典型塑造和社会动员的转变，侧面体现了我国社会的变迁历程，其对于社会发展的影响亦不容小觑。因此，本研究将从以下方面对单位纸媒的文献综述进行具体的研究：首先，对单位纸媒的溯源进行相应的梳理，追踪其政治以及模式的源头；其次，理顺单位纸媒的变迁始末；

---

[1] [美]弗里曼，毕克伟，塞尔登. 中国乡村：社会主义国家[M]. 陶鹤山，译. 北京：社会科学文献出版社，2002.

[2] 刑宇宙. 典型制造与社会动员——毛泽东时代大寨的个案研究[D]. 南京：南京大学，2012.

最后，剖析单位纸媒在变迁过程中与政治、经济、文化之间的关系逻辑。

三、单位纸媒研究的实践依据

（一）文化场域理论的铺垫

场域被皮埃尔·布迪厄定义为是各种位置间客观关系的一个网络或一个构型，① 每一个网络或构型都有着自己独特的运转法则和空间关系网，进入场域之中的个体作为场域的参与者，要遵循其中的种种规则，为了再生产和资源分配而进行博弈。布迪厄认为将场域作为研究工具要注意三个要素：一是必须要明确场域与内部权力的位置关系；二是必须要明晰构型与参与者位置间的客观关系结构；三是要将个体惯习作为考虑因素。单位基本满足场域的三个要素。首先，单位作为具备场域特征的典型示范，呈现着单位内部的支配关系、屈从关系以及结构上的对应关系等客观要素，而单位纸媒作为单位权力场域和文化场域的载体，则上演着单位的价值本质，这种关系思维贯穿于文化生产场域的整个分析过程。本研究从国家、单位和个体客观限定的位置出发，以单位纸媒板块中对于模范的塑造为介入点，把握三个客观关系间互动过程中所呈现出的特定单位网络构型以及动员关系，探析单位内部"文化场"和"权力场"的运转法则和关系网样态，明确单位纸媒在文化场域和权力场域的位置关系。其次，本研究通过观察单位人和单位纸媒所形塑的模范的群体特征，探究模范制造对于单位人集体行为所产生的内在动因及影响规律，明确单位、单位典型、单位人的客观关系结构。最后，通过把握和分析单位人和单位纸媒人的惯习，解剖行动者在相同或不同场域中的行动样态，进而对场域进行动态性分析。

（二）结构功能主义理论的贯通

本研究通过整理单位纸媒中模范塑造的文字样态，梳理单位纸媒对于典型树立的变迁历程，通过访谈单位纸媒人以及受众群体的个体记忆，构建单位纸媒典型塑造的集体记忆。在官方文本和集体记忆的互动中洞悉单

---

① ［法］皮埃尔·布迪厄，［美］华康德. 实践与反思——反思社会学导引[M]. 李猛，李康，译. 北京：中央编译出版社，2004.

位纸媒典型塑造在单位动员过程中的功能构筑。本研究依据默顿的功能分析范式展开分析。① 默顿的功能分析范式将因果分析和功能分析有机结合，为具体的经验研究提供了分析策略，其分析范式主要分为以下六个步骤：第一，对功能分析事项及机制进行描述。本研究按照时间脉络对Y厂纸媒进行整体梳理，呈现Y厂纸媒的具体样态和历史机制。第二，功能分析范式的重点是制度化行动模式的客观后果。单位纸媒中对于楷模的构建作为单位制的举动，本研究试图探究单位纸媒之所以成为单位制行动模式的原因，以及纸媒与单位动员机制的内在链接。第三，充分认识客观后果的多重性，特别注意潜在后果。本研究通过梳理单位纸媒在不同时代背景下的呈现样态，分析纸媒对于单位共同体行动的正功能与反功能，显现功能与潜在功能。第四，结合时间因素，根据特定后果与相应系统的关系，通过反功能考察制度问题和制度变迁。本研究细致把握不同历史时期单位纸媒与单位制的关系，通过单位纸媒功能来考察单位制的现存问题和变迁。第五，界定某一制度后果所涉及的系统范围和群体范围，认识到对于不同群体来说，特定后果会有不同的接受者和反对者。本研究在单位制背景下分析单位纸媒的组织架构、受众群体和记忆映象，把握单位纸媒在不同历史时期对于单位内的工人、领导、纸媒人等不同类型单位人的社会行动的影响。第六，认清在不同类型的社会中功能的可替代性，并通过结构制约因素揭示替代的过程。本研究通过探究单位纸媒在单位中各个历史阶段的具体样态，呈现单位纸媒的变迁始末，解释单位纸媒及单位制被不断革新的过程和影响因素，进而把握纸媒在各阶段的不同功能，揭示单位纸媒的功能发挥及转变的内在动因。

(三) 个体主义理论的充斥

马克思·韦伯在社会学理论和方法论上是个体主义理论的代表。他把社会学的研究对象定位在人的社会行动上，并把对社会行动的"解释性的理解"作为社会学研究的重要方法。这种从社会行动入手来研究社会的方

---

① [美]罗伯特·金·默顿. 社会理论与社会结构[M]. 唐少杰, 齐心, 译. 南京：译林出版社, 2006.

法论是一种个体主义方法论。韦伯认为理性是现代社会的特征，工具理性与价值理性则是现代人的两种思维方式。工具理性强调目标与手段，从客体实用性出发来评价行为本身，而不关注手段与目的的正当性。目的是追求收益最大化而不做价值的判断与追问，充斥着实用主义的色彩。而价值理性则追求手段的正当性，强调人类行为的主观动机与指向的意义，注重结果的美好价值，是一种超脱了实用主义思维的、科学认知与价值评价相结合的思维观念。但是，从韦伯的社会学定义及其相关说明中可以看出，他的个体主义方法论是一种包含了普遍社会意义的个体主义方法论。对于治理手段，韦伯提出："在群众性的团体中，一切其他的人都不可避免地陷入官僚体制的统治之中。"[①]本研究通过梳理Y厂单位纸媒的变迁历程，归纳总结单位在不同历史时期所塑造的不同模范类型，把握人物报道背后所蕴藏的动员动机和社会动因对单位楷模塑造的影响，理清集体主义与个体主义相互的建构关系。

（四）集体主义理论的讨论

在社会学研究方法论问题上，埃米尔·迪尔凯姆是集体主义方法论集大成者。为了把社会学跟生物学和心理学区别开来，迪尔凯姆对社会学的研究对象做了严格的定义。在他看来，社会学的研究对象是社会事实现象。在《社会学方法的规则》一书中有明确阐释，他写道："所有活动状态，无论固定与否，只要是由外界的强制力作用于个人而使个人感受的，或者说，一种强制力，普遍存在于团体中，不仅有它独立于个人固有的存在性，而且作用于个人，使个人感受的现象，叫做社会现象。"[②]在迪尔凯姆看来，如果一种思想或一种行为仅仅发生在个体的身上，是不能被算作社会事实的，只有当它们通过某种方式转变成为多数人的共同思想和共同行为时，才获得了社会事实的性质。概括地说，社会事实具有外在性、强制性和普遍性三个显著特征。[③] 首先，社会事实具有外在性，指的是社会事

---

① [德]马克斯·韦伯. 经济与社会[M]. 阎克文, 译. 北京: 商务印书馆, 1997.
② [法]埃米尔·迪尔凯姆. 社会学方法的规则[M]. 胡伟, 译. 北京: 华夏出版社, 1929.
③ 贾春增. 外国社会学史[M]. 北京: 中国人民大学出版社, 1989.

第一章 导 论

实存在于个体之外,与存在于个体之内的生理现象和心理现象截然不同;其次,社会事实具有强制性,指的是社会事实对个人所施加的各种各样的强制性影响是不受个人左右的;最后,社会事实具有普遍性,指的是社会事实普遍地或广泛地存在于一切社会之中,是全体社会成员共有的特征,而不是个别人的特征。总而言之,迪尔凯姆认为社会学研究是那些经由制度、风俗、习惯等结构性力量形塑而成的团体现象,是由那些具有集体特征的共同意识形塑而成的。本研究通过对 Y 厂纸媒变迁历程的把握,洞悉其对 Y 厂共同体意识塑造和行动选择的影响,剖析从个体意识到集体意识形塑过程、集体意识对个体意识的影响,探究二者的互构过程和内在因素。

第二章 单位纸媒的缘起

一、单位纸媒起源的历史背景

(一)历史背景的追根溯源

2000多年前的西汉,作为世界上的第一份报纸,"邸报"成为古老中华在传媒舞台的最早发声。[①]纸媒作为最主要的传媒工具空前活跃的时期是封建王朝完结到新中国成立前的中国社会,先后出现了旧民主主义革命太平天国时期的《新闻篇》、[②] 洋务运动时期的《循环日报》、[③] 戊戌变法时期的《实务报》、[④] 辛亥革命时期的《新民丛报》、[⑤] 新文化运动时期的《新青年》、[⑥] 新民主主义革命国民革命时期的《湘江评论》、[⑦] 土地革命时期的《浪花》、[⑧] 抗日战争时期的《国光日报》、[⑨] 解放战争时期的《解放日报》等。[⑩]

[①] 中国史学会中国历史学年鉴编委会.中国历史学年鉴[M].北京:社会科学文献出版社,2014.

[②] 太平天国己未九年(公元1859年),洪仁玕到天京向洪秀全提出建议书——《资政新篇》,建议书中提及出版"新闻篇"(即报纸),得到洪秀全赞许.

[③] 《循环日报》是1874年2月4日由王韬在香港创办并任主笔.

[④] 《实务报》是1896年8月9日由黄遵宪、汪康年、梁启超在上海创刊.

[⑤] 《新民丛报》是1902年由梁启超在日本创刊.

[⑥] 《新青年》是1915年9月15日陈独秀在上海创刊,初名为《青年杂志》.

[⑦] 《湘江评论》是1919年7月14日,在长沙创刊,毛泽东为主编和主要撰稿人.

[⑧] 《浪花》是1927年由红军政治部在闽西创办的.

[⑨] 《国光日报》是1937年11月由国民党员林光灏办的四开铅印小报.

[⑩] 《解放日报》是1941年《新中华报》和《今日新闻》的合并版.

第二章　单位纸媒的缘起

(二)以《申报》为例的纸媒样板

新中国成立前不同的历史时期，报纸承担着不同的历史使命，旧时代影响力最大的当属《申报》。《申报》于 1872 年 4 月 30 日在上海创办，1949 年 5 月 27 日停办，历经了 77 年的风雨沧桑，见证了近代中国社会发展和变化的诸多历史轨迹。在抗日战争时期，《申报》对内积极动员全民族团结抗战，号召各界人士踊跃募捐，出现了"募捐救国"的标题，通过捐款慰劳前方将士，救济难民。在对不同类型的人员进行动员过程中，《申报》开辟不同专栏进行针对性动员，如增加了"战时青年专栏"，动员广大青年加入抗战，传播中国共产党英勇抗战的画面。在积极动员全民抗战的过程中，其逐渐演化为一个公共性平台，既是捐输征募的公共平台，亦是传播抗战英雄事迹的公共平台。对外，《申报》通过突出复杂多变的英、美、日三国矛盾，呼吁国际支持，获得战时有利条件。例如，通过报道日本军队在天津占领了收发信件的驻点，获得英、美等国对日本发表抗议声明的有利局面；通过实时报道日本增调大批军舰到上海，获得英军的支援力量；《申报》高度关注 1937 年 11 月召开的九国公约会议，面对国际间的利益外交观点，《申报》抨击九国公约会议，斥责国联是靠不住的国联，主要目的是通过报纸传播中日局势对于英美利益的危机以获得有利局面。

而在抗日战争之前，《申报》有关中共的报道内容表现出一种"矛盾"的状态，对中共的报道也以非主体报道为主，中共被形塑成一个"革命"与"反革命"的矛盾体；到了抗日战争期间，《申报》有关中共的报道内容发生很大变化，对共产党相关活动报道也逐渐增多，并且日趋转变为正面形象；抗日战争胜利之后，《申报》从被国民党控制进行反动宣传到逐渐脱离反动立场，使中国共产党在报纸中的形象发生了翻天覆地的变化。从某种意义上来说，《申报》在前期是国民党参股经营，故而其报道的内容更趋向于国民党正面形象的树立，之后随着《申报》脱离国民党的控制，其对中国共产党的报道更趋向于客观和中立。由此可见，纸媒的政治性功能受到其主管单位的价值取向的控制和影响，报道内容并非客观中立。

(三)党政报的历史铺垫

解放战争时期,不同的机关报纸代表着不同的政府或者党派,如《扫荡报》是国民党军事委员会机关报,《广西日报》是新桂系政府机关报,这些报纸的影响力都不容小觑,政府通过报纸都达到了传达性宣传的效果。此外,单位纸媒的传播性功能"作为传递上级精神和指令的一种媒介,以把更高层次统治者的意思或某个重要信息原原本本地告诉给特定的接受者为目的,如传达上级的文件、命令或指示,传达会议的精神或纲领,传达上级领导人对某个问题的意见或主张,客观报道某一事件的真相,等等"[①]。对于权威性,报纸作为当时统治者唯一的传媒工具,在民众心中的地位和认可度较高,是国家局势、动态、方针政策的风向标,普通民众通过报纸公开的方针、政策、报告、方案,进一步认识、了解政府动向。另外,在当时的国家环境和社会背景之下,这些机关报纸亦起到游说性政治动员的作用,"这种宣传的目的是说服一些持有反对意见或者态度冷淡的接受者赞成、认同宣传者所主张的观点,其基本特点是游说性和动员性"[②]。换句话来说,宣传的过程还是动员的过程。例如,当时的《广西日报》为了劝服广西当地民众积极参军抗战,报纸就进行了有针对性的新闻宣传,无论是以摆事实为正面引导劝服,还是从反面进行警示劝说,都深刻地反映出了报纸在说服民众报国从军方面所做出的努力。报纸的游说功能不仅通过正面宣传,也会通过揭露矛盾,用事实甚至情感来引发民众行动,"目的是通过鼓动性的内容激起人们的情绪,为某种主义、观点而采取实际行动,如罢工、募捐或支持一项事业"[③]。与其他宣传方式不同,鼓动性宣传强调在情绪上引起读者共鸣,从而使他们改变摇摆不定的立场,坚定对统治者的支持信念。为了成功激发宣传对象在情感上的共鸣,报纸在进行鼓动宣传时,往往选择某些新闻事实或具体案例来感染目标受众的情绪,如在抗战时期,通过报道战争过程中的英雄事迹、描绘战时艰苦奋

---

① 戴元光. 现代宣传学概论[M]. 兰州:兰州大学出版社,1992.
② 戴元光. 现代宣传学概论[M]. 兰州:兰州大学出版社,1992.
③ 戴元光. 现代宣传学概论[M]. 兰州:兰州大学出版社,1992.

第二章　单位纸媒的缘起

战的场面、列举日军的种种恶行等引起民众的共鸣。不仅如此,在抗战时期的报纸中,尤其是官方报纸中,通过报道符合统治者期待的先进典型的方式激发读者和民众爱国之情,如当时为了激发更多的人参军上前线,一些官方报纸用大幅版面表扬了一些民众主动请缨的案例,1937年9月9日,《南宁民国日报》就报道了某团官兵主动请战的事件,通过先进典型事件的报道引导更多的民众参与到抗日队伍中。"桂林总司令李宗仁,副总司令白钧鉴,倭寇肆虐,神人共愤,时危势迫,国脉如丝,大好河山,难免陆沉之痛,神明华胄,将为亡国之奴,凡属国人,应奋起抗战抢救危亡,属团官兵,枕戈待旦,志切杀敌者,自沪战以后,未尝或谕,惟自抗战以来,本路军以源源北上,而属团出发之大命,犹未颁临,全团官兵,徬徨焦急,万懋钧座,准属团同区师长出发,誓歼丑颡,以遂初志,環甲待命,不胜迫切之志,一零五三团全体官兵仝叩齐午印。"[①]民主革命时期的报纸作为时政的晴雨表,主要承担着传播政治主张、宣传政治思想的主要任务。与此同时,报纸作为舆论阵地,无论环境如何恶劣,条件如何艰苦,都始终捍卫着中国共产党的舆论阵地,追溯到新中国成立前。1939年1月1日中共山东分局为了捍卫民族独立、争取自由,创建了新型的无产阶级党报《大众日报》,成为中共报业史上连续出版时间最长的党报。1949年6月15日,在河北省平山县里庄,由《晋察冀日报》和晋冀鲁豫《人民日报》合并而成的《人民日报》诞生,成了迎接新中国的传媒献礼。新中国成立后,中国报纸业又经历了近70年的曲折发展历程。新中国成立初期的报纸业作为党和政府的"喉舌",出现了以《人民日报》为代表的新闻报,新中国报纸业开始稳步、快速发展。报纸业在发挥报纸历史功能的基础上,也成为展现蓬勃发展的社会主义新中国的舞台和中国对外文化交流的重要窗口。单位纸媒对典型的塑造也应时代需求要发挥其功能和效用。"文革"期间,我国报纸业发展跌入低谷,队伍遭受严重损失,一直到1978年国家实行改革开放后,才重新获得了振兴的机会。进入改革开放和建设市场

---

① 第一零五三团官兵志切杀敌请缨出发[N].南宁民国日报,1937-9-9.

经济时期，为了顺应时代要求，报纸业主动进行革新，衍生出舆论表达、广告营销等功能，"机关报"向"企业报"的转型，也使纸媒对楷模的塑造发生转向。改革开放后的 30 年间，我国报纸业迅猛发展，一份份带着油墨香的报纸，映射着国家的处境，呼唤着人民的心声，纸媒变迁应单位制兴衰历经枯荣。21 世纪以来，伴随着新媒体产业的兴起，报纸业的生存空间不断受到新媒体打压，报纸业的百年辉煌历史已宣告终结。据统计，2008—2018 年，我国大陆报纸种类减少 60 余种，印刷数量下降近 80 亿份，数百家报社休、停刊。[①] 纸媒在传媒领域的话语权逐渐减弱，对于典型的塑造功能向网络媒体、自媒体等新型传媒领域转移。话语权的衰弱在传媒人中引起阵阵唏嘘，也引发着社会各界对纸媒人以及传统纸媒的历史发展与当代转型的关注。类似的发展历程不仅出现在宏观的国家社会传媒层面，建国初期的国有企业也以其微观的单位制层面演绎着独特的纸媒历史，单位纸媒不仅逐时代大潮历经兴衰，也因国有企业和单位制度的发展变革阅历枯荣，成为"国家—单位—单位人"可见的"共同体"，在中国社会和单位体质内发挥着特有的价值和使命。

二、新中国成立后单位纸媒的发展脉络

单位纸媒作为单位政治宣传、信息传递的手段或方式，在不同的历史时期承载着不同的功能，其呈现样态与单位制的发展变迁密切相关。人们常常将单位纸媒形象地称之为"企业内刊"。

(一)单位纸媒的规范制定

建国之后，"156 项工程"背景下，规模空前的大型国有工厂应运而生，一些大型工矿、铁路、交通系统内部企业报特别发达，由于这一时期的企业基本上全部都是国有企业，企业报刊被当作企业党委领导下的宣传与引导工具，用于报道企业内部情况，引导员工努力工作为国家建设服务。这一时期的企业报刊主要是为了方便沟通交流以及引导舆论，主要发行在企

---

① 中国统计局：统计年鉴，第二十三项第三类文化和体育类图书期刊和报纸出版情况，2008年—2019年指标统计。

第二章 单位纸媒的缘起

业内部。进入到20世纪80年代初期,有一些办得比较好的企业报开始对外征订发行,不过订阅费也比较便宜,主要还是依靠企业资金来办报。这主要是因为国家新闻出版总署将企业创办的报刊、手册等资料定位为"内部资料性出版物"。1997年底,中国新闻出版总署发布新闻出版署令第10号,即《内部资料性出版物管理办法》,称"内部资料性出版物,是指在本系统、本行业、本单位内部,用于指导工作、交流信息的非卖性成册、折页或散页印刷品,不包括机关公文性的简报等信息资料","内部资料性出版物严格限定在本系统、本行业、本单位内部交流,不得收取任何费用,不得刊登广告,不得在社会上征订发行"。[①] 这些国有企业创办的内部报刊与一般意义上的企业内部报刊形成明显的差别:第一,企业内刊是有固定名称、按照周期连续出版的报型或刊型出版物,刊物名称以企业名称为准;第二,企业内刊只能用于内部交流,免费赠阅;第三,不能对外公开发行,不能刊登广告。1989年政治风波平息之后,中共中央进一步对报刊和出版社进行整顿,1998年11月广东省新闻出版局又在此基础上颁发了《广东省连续性内部资料出版办法》,将其分为连续性和一次性两类,其中规定"连续性内部资料指的是有固定名称、按一定周期和序号连续出版,以报纸型或期刊型为主要出版形式的内部性资料"[②]。随着整顿工作的推进,1990年5月16日中共中央宣传部和国家新闻出版署发出了《关于压缩整顿内部报刊的通知》,其声明:"近年来,内部报刊的数量不断膨胀,由于长期以来没能对内部报刊进行认真整顿,也未作出明确的统一管理规定,致使内部报刊存在着严重的混乱现象。因此,按照规定,对内部报刊进行压缩整顿,解决过多过滥、布局不合理以及利用内部报刊传播资产阶级自由化的错误观点、领导班子薄弱等问题。"此通知明确指出:"对持'内部报刊准印证'的报刊,要大量压缩。"此通知还附录了《内部报刊管理原则》,规定了"内部报刊的性质、含义、申办条件、审批部门、不得刊载的

---

① 人民日报网络版法律法规库,http://www.people.com.cn/item/flfgk/gwyfg/1997/gwyfg1997.html.
② 广东省新闻出版物,http://www.xwcbj.gd.gv.cn/news/html/bszn/xwcbgl/article/7901243312508.html.

内容、发放交换范围,并规定内部报刊不能定价出售、不能进行广告宣传、不得设立记者站、不得出版增刊增页等"。随后,中共中央又发布一系列文件,加强了报刊的整顿工作。当时全国多家企业报受到整顿,其中有近百家是持有"国内统一刊号"的企业报,剩余的是内部报纸,还有的企业报未登记。1994年7月,国家又发出《关于加强内部报刊管理的通知》,要求做好内部报刊的清理工作。《新闻出版报》的评论员在文章中指出:"目前我国公开发行的报纸有多种、刊物多家、出版社多家,大体上同我国的精神生产能力和物质生产能力相适应,国家不可能再批准更多的内部报刊转为公开,对内部报刊只能严加整顿。"果然,不久后国家新闻出版署又发布了《关于进一步做好内部报刊工作的通知》,规定凡经过清理后准予出版的内部报刊,必须统一内部报刊准印证并规范使用。截止到1996年年底,我国的单位纸媒已经达到6400多家,单位纸媒的数量在这一时期已经远远超过了具有"国内统一刊号"的正式报纸。因此在1996年12月,中共中央办公厅、国务院办公厅联合下发《关于加强新闻出版广播电视业管理的通知》提出,重点要"转化内部报纸、压缩行业报纸"。新闻出版署也发出《关于报业治理工作的通知》,明确提出"用两年时间压缩内部报纸"。国家开始限制单位纸媒的数量,允许一些质量较好的单位纸媒可以转变为公开发行的报纸。而一些单位如果还需要单位纸媒,可以将单位纸媒转变为内部资料,而内部资料只能够让本单位、本系统以及本行业作为指导工作和交流信息使用,不能够用作其他用途。所以,一些单位纸媒逐渐转变成内部资料,其形式和用途也发生了巨大的转变。

(二)单位纸媒的历史牵连

我国之所以发展单位纸媒,这与历史发展背景脱不了干系。首先,新中国成立以后,我国的政治形势比较稳定,经济逐步恢复发展,为单位纸媒的创办提供了良好的发展环境。经济效益作为企业第一位的宗旨,生产工作必须由单位人完成,如何使单位人发挥出最大的工作热情和能力,是管理者的首要任务,企业的党组织必然要因势利导地做好群众的动员和宣传工作。单位纸媒在不同阶段必然包含不同的内容和形式,它是典型塑造和社会动员的重要载体,是国家实现治理的政权巩固的一种手段和方式。它的存在是历史发展的衍生物。其次,党和政府重视单位纸媒是因为纸媒是建立国家与民众联系的桥梁和纽带,个体如何有效地了解国家方针政策,国家如何直接地掌握个体动态,中间媒介不可或缺。最后,在新媒体尚未发展的时代,单位纸媒中的报道内容是单位人生产生活的身边事,与每一个单位人息息相关,是单位人获取单位文化的主要途径。

单位纸媒最初集中在铁路、矿山、机械、纺织等大型国有企业当中,一般由企业工会主办,如矿山系统最早的企业报纸是开滦煤矿于1949年12月创办的《开滦矿工》报,铁路系统最早的企业报是上海铁路局的《职工通讯》,机械工厂最早的企业报是长春第一汽车制造厂的《一汽战报》。以《一汽战报》为例,在报纸发行数量发面,企业为了节省资金,单位纸媒的发行量都不是很大,如在三年困难时期,《一汽战报》最少的发行量仅有21份;在报纸发行途径方面,单位纸媒大都是免费赠送给员工供自由阅读的,但在"文革"时期,单位纸媒作为政治宣传工具,要求员工定时定点进行集体读报;在机构和人员设置方面,单位纸媒基本上都非常精简,往往是一人肩负多种职责,而且缺乏相关办报经验,在实践中学习前进。《一汽战报》早期并没有专职的工作人员,当时报纸采访和报道的记者、编辑都是借用当地政府报纸的工作人员。中国共产党历来很注重新闻事业的发展,单位纸媒尤其受到重视,因为单位纸媒直接关联国家经济建设的重要载体——单位,也与千千万万的单位人密切相关。全面及时地向单位人传递党和政府的政治、经济、文化方面的方针和政策就成了单位纸媒的重要任务。

(三)单位纸媒的历史发展进程

1. **建国初期的单位纸媒**

建国初期,经济建设是社会的主旋律,各地报纸都在为经济建设欢呼鼓舞。单位纸媒对经济建设的报道,能够完全地立足于自己的企业、行业,对本单位的经济工作具有指导意义。而且国家也需要单位纸媒将相关的政策、文件切实地传达到单位人中去,让单位人真正理解并认真实践党的方针政策。因此，政府加强了对新闻事业的领导，曾多次召开新闻工作会议，明确新闻工作的方向。1954 年 7 月中共中央政治局通过了《中共中央关于改进报纸工作的决议》（以下简称《决议》），肯定了报纸工作的成就，同时也对包括企业报在内的报纸提出了要求。《决议》明确指出："企业报的性质和任务是以工人为对象的报纸，加强对工人群众的共产主义教育，推动劳动竞赛……经常有系统地宣传社会主义工业化，宣传工农联盟和党的领导作用。"《决议》还规定"大型的工厂企业创办报纸，须经省（市）委批准，并报中央备案"。① 这个文件对我国企业报刊的发展产生了深远的影响。同时，党和国家领导人也很重视企业报的发展，毛泽东和朱德都曾为企业报题写报头。全国解放初期，中央出版管理部和一些较大的出版机构为指导出版工作，加强出版机关内部、单位成员之间的沟通和交流，及时传达上级政策指示及工作精神，总结经验和教训，掀起了一股创办内部刊物的小高潮，如当时的中央人民政府出版总署编印的《出版简报》《出版通讯》，人民出版社编印的《出版周报》，新华书店总管理处编印的《内部通报》，新华书店总店编印的《新华通报》《发行通报》，青年团中央出版委员会编印的《团的出版》，等等。就版面而言，除少数刊物如《出版简报》《开明通讯》用 16 开本外，大多数内刊以 32 开或 36 开为主，开版较小，版式相对简单，没有封面和封底，一般篇幅不大，多数刊物只有一个印张，甚或半个印张、几页薄册子。但是，这些刊物对及时传达党的出版方针、政策发挥了重要作用，"定期公布出版计划和单位内部的出版进度，重视业务交流，注重出版物的质量、发行和读者工作，加强了出版管理机构和出版单位之间的'政策中介'功能，促进了出版单位内部各部门之间、员工之间的信息沟通和业务交流，对于当时编辑出版工作有计划、抓管理、善经营的良性发展和出版物质量的提升，以及出版发行工作迈向新台阶，大有裨益"②。解放初期，单位纸媒主要以中央机构的内部刊物、人民出版社、新华书店等单位的内部刊物为主。以中央人民政府出版总署自 1950 年 3

---

① 范垦程. 中国企业报发展史[M]. 上海：上海三联书店，1991.
② 江凌. 解放初期中央出版机构的内部刊物[J]. 出版科学，2012(01).

第二章　单位纸媒的缘起

月起编印的16开本内刊《出版简报》为例，至1951年1月共编印了6期，自第6期后开始更为不定期刊物《出版公报》。该刊刊载的主要内容可以归纳为两方面：一是党的出版方针、政策、讲话、指示、决定、通知、通报、规章制度、工作计划等；二是全国出版工作情况报道和调查统计等。"专门登载有关出版工作的各项政策法令及指示通报等类文件，供各级出版行政机关及各公营出版企业的领导同志在工作上进行参考。"[1]1952年，中央人民政府新闻总署和出版总署合并，次年6月出版总署编印了32开本的《出版通讯》，并持续发行三年，1954年末编印至第60期结束。该刊宗旨是"专供各地出版行政机关和某些出版、印刷、发行企业的主要负责人参考，目的在于沟通出版政策思想，交流出版工作经验和反映出版界的状况"[2]。该刊内容全面，包括出版法规、出版行政管理、出版计划、出版物质量、新书简报、各地出版社工作，以及印刷、发行工作、简讯和读者意见或建议等。[3] 除了中央机构的内部刊物，人民日报社在解放初期也承担着内部刊物出版的重任，除了生产和发行图书、具有原来的出版职能外，还需要发挥指导地方工作的职能。1951年1月，人民出版社开始编印《出版周报》，该周报除传达上级指示精神和学习苏联经验外，重在刊载党的出版方针、政策和本社具体工作方针、规章制度和业务交流方面的内容，如本社规章政策、通告、办法，本社年度或季度出版计划、出版进度、印刷、校勘、发行、稿费制度，作者和读者意见，以及书评、简讯等。

此外，新华书店总管理处于1950年3月创办了《内部通报》，该刊在1950年第1号上刊登的《出版局关于新华书店总管理处刊行〈内部通报〉的决定》中明确了该刊的性质和刊载的主要内容，"《通报》是传播、组织、教育和提高我们工作的一个有力武器。它的内容主要是：一、传达党和政府对有关出版工作的决定和政策。二、出版总署的计划、决定和指示。三、

---

[1] 中央人民政府出版总署编印. 出版简报, 1950.
[2] 中央人民政府出版总署编印. 出版通讯, 1952.
[3] 江凌. 解放初期中央出版机构的内部刊物[J]. 出版科学, 2012(01).

编审翻译两局重要决定中有关部分的传达。四、本局和新华书店总管理处的计划、决定、指示、通知、总结和重要函件。五、各地新华书店的重要决定、指示、计划、总结和重要函件。六、各地新华书店典型事件的往来文件。七、本局和总处各部处室主要工作情况汇报。八、代替行文——《通报》出版后，凡是通知件（除特定通知外）即随时刊入《通报》，不再另行行文。"[①]这一刊物作为不定期内部刊物，其主要受众群体是上级和系统内部领导干部。1951年3月，新华书店总店又开始出版不定期内部刊物《新华通报》，该刊以刊登总署领导的会议讲话和政策法规性文件、通告为主，宣传中国共产党关于发行工作的方针政策，同时注重具体的发行业务学习与交流工作。这一刊物的主要受众群体是出版总署发行管理局、新华书店、国际书店、中国图书发行公司等单位的科级以上干部和支店经理，至于一般工作人员不另发给，概由科长、支店经理就有关内容负责传达或组织阅读。这一刊物由于内容较为全面，成为全国发行领域比较成熟的非典型单位纸媒。与新华书店同为主要出版机构的三联书店编印了《店务通讯》和《三联出版通讯》，前者除传达上级方针政策、刊载本社领导讲话外，以各部门具体的出版业务交流为主，兼有编辑的随笔、感悟和编读往来等，内容涉及面较广；后者以"报道编审、出版方面的情况"为主，有相当一部分内容是转载上级政策文件及本社会议纪要、通知等。此外，开明书店于1950年8月15日编印了内刊《开明通讯》，刊登出版总署领导、上级领导和本店领导讲话精神，传达上级和本店的各种出版方针、政策、通告、指示、通知、会议纪要等，并致力于内部业务交流，作为不定期内刊。

除传媒领域外，单位纸媒逐渐成为各单位的主要内部发行刊物。例如，共青团中央也成立了专门的出版管理机构——共青团中央出版委员会，并于1951年3月编印内刊《团的出版》。其内容主要包括以下七个方面：一、传达团中央及出版总署有关出版工作的决定和政策。二、（青年团中央）出版委员会的计划、决定、指示。三、各级团委宣传部关于编辑、

---

① 新华书店总管理处. 出版局关于新华书店总管理处刊行《内部通报》的决定[Z]. 内部通报, 1950.

第二章 单位纸媒的缘起

出版的计划或情况报告。四、各直属单位的计划、重要决定、通知、报告、总结、情况通讯、经验介绍。五、中国青年出版社每月新书简报（包括内容简要介绍）。六、工作、学习、生活的典型报道及读者重要意见。七、业务讲座及其他。[①] 1951年7月，该刊物在内容上做出一些调整，将中国青年出版社的编审情况作为主要报道内容。

从这些内部刊物的内容来看，主要包括以下三方面：以传达上级方针政策为主，具有一定的政策指导性；定期或不定期刊载全国的出版规划、计划和本单位的工作计划、工作进度，强调出版的人民性和为人民服务的宗旨；将其作为内部业务交流的平台，注重出版物的编辑、印刷和发行工作，重视社会调查和数据统计，在选编和刊载的文章中凸显出版事业的经营性质，刊登了一批有关出版发行、经营方面的文章。

综合来看，单位纸媒的报道内容，可以将其特点归纳总结为以下五个：第一，政策性强，注重传达党的方针、政策和本单位各种会议讲话精神。解放初期直至改革开放，国家信息传递存在渠道单一和时效性较差的特点，人们对于小共同体的依赖性远高于对整个社会的依赖性，单位纸媒作为单位内部的传媒工具，对于具备同质性的单位人来说，是传达党的方针、政策的重要渠道。此外，国家政策决议的参与并不是所有单位人都能实现的，为了让所有单位人了解单位的会议内容和各项决议，单位纸媒作为媒介弥补了信息传播实效性差的弱点，是国家方针政策和单位决议的宣传阵地。第二，注重单位计划性和工作内容、进度的传达。在计划经济的主流背景下，尤其是1952年之后，这些单位开始注意对单位计划性和工作进度内容的刊登，如人民出版社编印的《出版周报》，定期报道本社季度出版计划和每月出版计划，并把《本周出版情况》作为固定栏目，晾晒各部门的工作进度，促进他们提高工作效率；三联书店编印的《三联出版通讯》，通过其固定栏目《两周出版情况》，使得三联书店编、印、发各个流程的进度都一目了然。第三，注重单位文化、精神的传递。国企单位要真

---

① 青年团中央出版委员会编辑．青年团中央出版委员会关于刊行内部刊物《团的出版》的通知[Z]．团的出版，1951．

正以市场为中心，走出一条有核心竞争力、职工凝心聚力、可持续发展的路子，就必须深化单位文化建设。单位纸媒真实地记录着企业文化的历史演进，是具有鲜明文化指向性的企业文化载体，观点鲜明，价值观一目了然。例如，Y厂近七十年的奋斗历程形成了"争第一，创新业，担责任"的企业文化，企业内部刊物通过报道工厂生产线上职工艰苦的生产生活情况，传播艰苦奋斗的企业精神。通过报道各部门取得的显著成果、先进人物的事迹等，使"团结拼搏、开拓创新、敬业奉献、追求卓越"的企业精神深入人心，朝着成长为具有核心竞争力、国内具有龙头地位的企业愿景而不断奋斗。第四，注重内部的业务交流，促进内部互相学习及批评和自我批评。单位纸媒以内部信息和业务交流为宗旨，学习、探讨单位的具体业务，分享经验和教训，宗旨是沟通内部信息，起到上情下达和下情上达的作用。例如，《开明通讯》的宗旨是"传达并解释领导部分的各项方针及策略，反映各部分工作同仁的意见，交流同仁工作经验和学习心得，帮助同仁进行批评和自我批评"。此外，单位纸媒在上下级及部门单位之间的沟通方面具有其他方式很难取代的特殊地位。例如，一般国企单位的职工代表大会、党代会等这些会议召开周期较长，若等会议结束后再进行信息传播，已经失去了信息的实效性，但单位纸媒是定期出刊，可以实时传达会议信息，也可以通过及时报道单位经营状况及形势、任务，及时让职工了解企业的实际情况。同时，"单位纸媒也是表达单位人意愿的有效途径，单位人所关心的问题通过内刊反映到主管部门领导那里，可以使问题得到及时解决"[①]。第五，单位纸媒政治和时代特色浓郁，有鲜明的斗争性和批判性色彩。单位纸媒作为单位的内部刊物，需要刊登一些适应整个国家政治背景的内容，会根据国家的指导展开批评和自我批评。在不同的历史时期，单位纸媒刊登的内容也各有侧重点，如解放初期新政权刚刚建立，以"革命斗争"为基本思想，刊登了一些政治色彩比较浓厚的斗争性文章；到了"大跃进时期"，单位纸媒注重单位生产数额的报道，内容在现在看来是

---

① 张红春.《群众》周刊的抗战政治动员研究[D]. 湘潭：湘潭大学，2013.

第二章 单位纸媒的缘起

过于夸张的;到了"文化大革命"时期,单位纸媒的内容也随之发生变化,因"极左"路线的干扰,对单位中某些人的批斗成为主旋律;而到改革开放时期,单位纸媒以经济发展作为主要报道内容,尤其是单位转型的成果。随着单位纸媒地位和功能的逐渐削弱,当下单位纸媒的内容更多的是发挥文化的功能,如单位进行了哪些文化建设等内容。

2. 特殊期间的单位纸媒

单位纸媒经历了建国初期的大力发展之后,在"文革"期间受到一定的冲击。在1957年党中央决定反右运动后,以《人民日报》为代表的一些党报利用大量的篇幅和版面进行了报道,而单位纸媒由于其特殊的起源和使命,也不得不跟随着《人民日报》等党报的步伐对此进行大量报道,并对单位内部的官僚主义、宗派主义以及主观主义的现象进行了批判和揭露。不过这一时期,大部分的单位纸媒仍能够以单位经济建设为报道重点,鼓励群众搞好生产工作。在反右运动期间,因反右扩大化影响,一些单位纸媒不得不停刊,但是也不断有新的单位纸媒出现。"大跃进"运动期间,单位纸媒又经历了数量激增到数量猛减的变化,多数单位纸媒曾经创办的初衷已经不复存在,其起到的作用也是"名存实亡"。此外,单位纸媒从开始的只报道党的方针、政策以及企业发展、生产等内容外,受到《人民日报》改版的影响,也开始增加一些关于单位人生活以及生产娱乐方面内容。"大跃进"期间,单位纸媒都在大力报道党的八大二次会议制定的总路线,鼓励职工"鼓足干劲,力争上游,多快好省地建设社会主义",生产建设方面大获成效的情况;同时还大量转载其他党报的信息,介绍全国各地的"大跃进"情况等。三年困难时期,也紧跟步伐报道八届九中全会提出的"调整、巩固、充实、提高"的方针。"文革"时期,很多单位纸媒都陆续停刊,没有停刊的单位纸媒又成了单位内部"阶级斗争的工具",单位内部正常的生产秩序被彻底打乱。开展"批林批孔"运动时,单位纸媒也成为企业"批林批孔"的重要工具。虽然,在"文革"这一特殊时期,单位纸媒受冲击严重,但其大力宣传国家政治经济方面的政策、方针,报道企业对政策的执行情况,参与国家政治活动的报道等也是这一时期企业报经常报道的内容。不可否认的是，单位纸媒实质上是国家政治的传声筒，其发展与国家政治、经济密不可分。

3. 改革开放时期的单位纸媒

随着改革开放的到来，单位纸媒也跟着国家政治、经济的发展进入新的发展阶段，这也是单位纸媒发展的黄金时期，这一时期最为显著的特征就是单位纸媒的数量激增，从1978年底的226家增加到1981年的362家。[1] 到1996年，拥有企业报刊的企业数量激增，取得公开刊号的企业报纸越来越多，企业内部报纸种类也逐渐丰富，企业报的总发行量空前高涨。[2] 这一时期拥有单位纸媒的企业涉及各个行业，既有一些比较大型的老牌国有企业，如石油厂、汽车厂、炼钢厂、发电厂等，也有一些新型的企事业单位，如医院、学校等。这一时期的单位纸媒内容也发生了变化，单位纸媒报道的内容不再局限于国家政治方面，如国家政策、方针等，经济方面的内容明显增加，而且报道的内容也不再局限于单位内部的生产生活状况，还介绍其他企业的信息和优秀经验。有些单位的纸媒甚至关注到一些国外的信息，报道国外的经济发展状况，开阔了职工群众的眼界。经济栏目开始增多，报道地位逐渐突出，头版头条普遍大篇幅刊登领导会议、领导讲话的现象逐渐减少。在报道过程中，更加注重企业典型人物的树立，依靠榜样的力量鼓舞职工。此外，单位纸媒也重视言论在单位人中间发挥的指导作用。单纯的宣传和报道既不生动也不能"亲民"地传达党和政府的声音、意图，而发表言论则可以直接引导舆论，发挥单位纸媒"喉舌"的作用。一些单位纸媒将单位人的言论通过报刊的形式传达出来，甚至鼓励单位人将自己的观点和言论进行投稿，筛选出一些具有正确的政治思想和引导作用的言论刊登出来，以此达到引导的作用。与此同时，单位纸媒逐渐将报道的内容转向单位人的需求和服务方面，利用大量的篇幅刊登与单位人息息相关的内容，如科学技术、文化卫生、恋爱婚姻、子女教

---

[1] 范垦程. 中国企业报发展史[M]. 上海：上海三联书店，1999.
[2] 范垦程. 中国企业报发展史[M]. 上海：上海三联书店，1999.

育等,甚至有一些单位纸媒在报纸上特地留出一个版面作为"职工信箱",单位人可以通过投稿的形式将自己的想法和需求向单位反映。单位开始注重职工的精神文化生活,在单位纸媒中报道一些单位人的娱乐文化活动以及单位为职工提供的娱乐文化福利等,如单位工人文化宫的建立以及单位组织的大型文娱活动等内容。单位纸媒的报道风格从原先的拘谨、严肃、官方逐渐转变成更加贴近单位人的生活。另外,单位纸媒原先的机构设置简单,甚至一人身兼数职,这一时期单位开始重视健全通讯员队伍,过去单位纸媒经常出现"稿慌"的现象,而导致这一现象出现的原因是因为单位纸媒工作人员有限,单位纸媒的稿子都是由其专门的工作人员提供,而这些人本身数量较少,能力有限,所以很多时候并不能提供足够的稿件,而其他的单位人并不能够为其提供稿件,所以这一时期逐渐发动单位内所有的单位人作为供稿者,每一个单位人都可以为单位纸媒供稿,只要其提供的稿件内容符合单位纸媒的要求都可以刊登出来。所以单位纸媒的非严格意义的通讯员队伍不断扩大,使得单位纸媒报道内容也更加丰富和贴近单位人的生活。

随着改革开放进程的推进,单位纸媒不再是局限于内部员工交流的刊物,单位纸媒之间的交流也在不断扩大,同行业的单位纸媒之间的交流更加密切。一些单位纸媒在每年都会召开交流会,探讨如何更好地办单位纸媒。1988年还成立了"中国企业报协会",每年该协会都会轮流在各地举办编辑工作研讨会,使单位纸媒相互联合、共同进步。从1991年开始,单位纸媒组织还创办了"全国企业报好新闻评选"活动。单位纸媒在新的时期实质上更多的是承担企业形象宣传的作用,通过单位纸媒向外界传递企业的发展情况,宣扬企业的经营理念,或者选取公众普遍关心的话题进行讨论,表达企业的价值观,让更多的普通民众去了解国有企业,打破过去国有企业"不可接近"的标签化特征,树立一个良好的国有企业形象。

4. 单位纸媒与典型塑造、社会动员的逻辑建构

单位纸媒作为传媒形式,是党和政府宣传工作的重要窗口,也是国家与人民群众联系的重要桥梁。但是随着时代的发展和新媒体的兴起,单位

纸媒的地位也发生了天翻地覆的变化，其在人民群众中发挥的作用也呈现出断崖式的变化形势。

典型塑造与社会动员之间存在着一定的关联性，某些情形下通过典型塑造可达到社会动员的目的，单位纸媒借助树立典型，将其进行广泛宣传，试图通过示范力量的建立达到社会动员的效果。单位纸媒在宣传本单位的先进典型及弘扬本单位的经验上，有其自身的优势。党报党刊面向全局，只能站在整体的高度上把握大政方针，至于具体到某一单位、某一个人，则是难以兼顾到，即具体到某个人的先进事迹或某个单位的先进经验等，在党报党刊登载的机会是非常之少，而单位纸媒则可以用其"单位人写单位事"的优势，弥补这一不足。单位纸媒可以把本单位公正无私、清正廉洁、敬业爱岗、锐意改革的典型经验总结出来，广为宣传，在职工中起到树先进、学先进、赶先进、后进变先进、先进更先进的导向作用，达到弘扬正气、奋发向上、净化灵魂、提高觉悟的目的。例如，Y厂在发展过程中，通过对劳模、先进的报道激发单位人的工作激情，同时将一些技术骨干通过单位纸媒的报道凸显出来，大力推动单位人积极投入到生产活动中。此外，单位思想政治工作内容包罗万象，从加强思想教育到普及法律知识，从党的基本建设到学习邓小平理论，等等，要把这些意识形态的东西向单位人输送，并在思想上起到潜移默化的作用，变为指导行动的方针，必须借助于一定的载体来完成。在单位中，进行思想政治工作的主要载体有单位内部刊物、广播、电视、黑板报和印发宣传资料等，但是相比之下，单位纸媒是最为有效的载体，它起到主阵地的作用。相对于其他载体，单位纸媒的优势如下：首先，单位纸媒是视觉和感觉交融的媒体。单位人在阅读报刊过程当中，可以根据自己的亲身经历反复体会其深刻含意，与普通的传媒工具相比较，单位纸媒是主动感知的过程，而其他传媒工具只是被动接受，因为单位内部刊物消息来源于职工生活，反映的是职工生活的实际，易受到单位人的信赖。其次，单位纸媒覆盖面广。由于单位纸媒为单位内部自办，免费送发至车间、班组和家庭中，它的主要服务对象为单位人，单位人在班前班后，只要有几分钟闲空时间，就可以随时随地拿起企业报来观阅，方便而且灵活，其覆盖面要比其他传媒方式更广。最后，单位纸媒的传达手段更快捷。平时文件下发，要经过经办人签收、汇报，领导批示再转发等各种程序，传达到单位人最快也要一个星期，慢的则要十多天，广播、电视则受到地域限制，尤其是在互联网出现前，传媒的实效性较差，相比之下，只有单位纸媒这一传媒手段能够快捷地传达到单位人。

三、单位纸媒变迁的现实走向

单位纸媒不仅与单位息息相关，也与传统纸媒的行业发展紧密相连。随着互联网和新媒体的兴起，人们信息获取渠道更加多元化，传统纸媒面临着严峻的冲击和挑战。在学界关于单位纸媒现实走向的讨论中，一方面将其视为单位制的衍生物，走向与单位制保持一致；另一方面认为单位纸媒是传统纸媒现实走向的缩影，其命运与传统纸媒殊途同归。所以在围绕单位纸媒变迁现实走向的研究中，展开了单位制度的变迁、传统纸媒的转型等一系列问题的讨论，并形成一些具有代表性的观点。

(一)单位制度的变迁削弱单位纸媒的地位

在新中国成立之初，为了应对整个国家社会资源匮乏、分散且社会整合机制相对脆弱的社会状况，国家逐渐建立起中国特色的单位制度。单位制度的形成使国家实现了全面控制单位的目的，这种控制得以实现的原因主要是资源分配和传媒渠道导致的。在资源分配方面，"所有的资源都由国家来统一分配，单位的资源来源于国家……单位和国家之间形成了依附与庇护的关系"，[1]此时的单位职工对单位和国家的依赖来自资源获得的需求，这种稳定的依赖关系形成是由于新中国初期资源匮乏决定的，单位成为"整个社会统治结构的一个重要组成部分"和"维持国家统治即命令统治的重要手段或工具"。[2]整个社会都融入在单位之中，单位不但成为具备专业性的工业场所，而且通过"单位办社会"的方式，使其成为"大而全""小

---

[1] [美]华尔德. 共产主义社会的新传统主义[M]. 香港：牛津大学出版社，1996.
[2] 李汉林，李路路. 资源与交换：中国单位组织中的依赖性结构[J]. 社会学研究，1999(04).

而专"的社会服务和福利保障机构。单位通过社会成员的工作使之取得一定的经济报酬,通过分配住房保证单位成员基本的生存空间,通过公费医疗制度满足单位成员基本健康的需要,通过兴办托儿所、幼儿园、食堂、澡堂及为职工子女就业需要的服务公司或集体企业等,为单位成员提供各种社会保障和福利方面的服务,也就是说人一旦进入单位,就会对单位产生高度的依赖性,这也决定了单位对人的管理具有绝对的话语权和权威性。在信息获取方面,单位中的人民群众获取国家政策、党的决议的主要渠道只有单位纸媒。在新中国成立之前,单位纸媒主要承担着坚守执政党舆论阵地的作用,其内容多以战况、兵役宣传、执政党的重要决策等为主,其最终目的是通过报纸占领舆论阵地;而新中国成立之后,单位纸媒的类型逐渐多元化,只要是单位就会需要相应的"内部资料"进行内部沟通,一些占地面积大、单位职工多、涉及业务广的大型国有企业在"内部资料"形成规模后出现了单位纸媒,其主要承担着宣传党的政策方针、单位要闻等作用。单位纸媒是国家、党和单位的"喉咙",所以单位纸媒在单位人心目中的地位不言而喻。通过访谈亦可证明在改革开放以前,单位于单位人的重要性。"我们那会儿只要进了国家单位,那基本上什么都不用愁了,单位有托儿所、幼儿园、医院,基本上我们生活中所有涉及的东西单位都能够帮着解决,小孩上学从托儿所一直到高中,单位其实就相当于一个小社会,我们不管是工作还是生活都是在单位内,单位相对于我们来说就是我们的社会,那会儿我们对单位的依赖是非常强的。所以你要说单位报纸吧,那也是我们最主要的阅读刊物了,我们都属于基层工人,单位有啥决策了、规定了,或者说国家又给我们什么福利了,我们都是通过单位的这个报纸才会知道,所以它也就成了我们了解单位信息的唯一渠道了,那会儿单位报纸一出,大家都赶紧去取回来看,生怕漏掉什么信息。"Y厂某职工说。[①]

但是,随着改革开放进程的不断加快,传统的单位制度受到持续不断

---

① Y厂职工访谈(2019年).

第二章 单位纸媒的缘起

的冲击,国家对单位的控制力降低。与此同时,国家对包括单位职工在内的个人控制力也今非昔比,人们对于单位的依赖性逐渐降低,单位纸媒中的内容对人民群众的影响力也随之下降。在"去单位化"的过程中,国家通过单位所能控制的"单位人"数量急剧减少,自由流动的社会人数量迅速增加。即使是单位人,其利益、资源和地位的获得,也已不仅是国家和政府分配的结果,它同时可以表现为市场交易的结果,因而国家对其的影响力大不如前。在一系列的社会化改革中,使得"单位办社会"的局面逐渐扭转,那么作为单位对单位人进行文化灌输的重要载体——单位纸媒也逐渐从主流舞台退居"二线"。Y 厂职工 LYB 说道:"后来不是改革了嘛,单位不再是什么都管了,以前是一进单位,从生管到死,只要你还是这个厂的人,厂里就会什么都管,包括你的死。但是改革之后就开始变了,单位不再是一手包办了,单位福利什么的还是比那些私企好,但是其他的就不会再管了,单位就变成了一个只是工作的场所了,我们的生活就跟其他人一样了,所以对单位也就没有那么依赖了。而且现在我们获取信息的渠道太多了,改革开放之后电视啦、广播啦就开始普及了,大家也不再只依靠单位报纸知道单位一些政策、决定了,所以大家也就不像以前那样每次报纸一来都抢着看了。"

单位纸媒的边缘化和话语权的丧失是"单位制度"削弱的一种表现。国家为了进一步强化党和政府对意识形态的调控力,通过单位纸媒传递党和政府的方针政策以及典型塑造实现对单位人的正向引导。但是随着单位制度的变迁,单位功能实现了彻底分化,其在继续履行国家意志和基本政治功能的基础之上,只承担了基本的专业职能,其他职能逐渐被"强社会"所替代,所以相较于"强社会",单位的地位较为弱小,那么单位纸媒的地位也随之下降。单位制度时期,单位通过单位纸媒树立"单位典型",单位纸媒成为劳模、技术先进的产出阵地,单位人将其作为风向标,国家或单位以单位纸媒作为载体,向人民群众进行思想引导和政治宣传,通过宣传鼓动和教育发展政治文化,实现"软控制"的动员机制。此外,通过单位纸媒可以使得其功能发挥至最大化,利用单位纸媒在群体间和区域内的认可度，以灌输的方式，将国家或者单位的方针政策、思想导向传输给广大人民群众，继而达到社会动员的目的。Y厂退休职工WZ说道："那时候单位报纸也是很有权威性的，单位会评一些先进、标兵、劳模啥的，就在报纸上登出来，那可是全单位都知道的，只要有什么荣誉啥的，他们这些人得到的概率比我们的就大多了，所以那会儿大家就铆足了劲儿想要当先进，想要自己也登上一回单位的报纸，这可是很有面子的事儿，走在单位里那可是名人。有一年的先进跟我住上下楼，那会儿他被评上先进之后，整个楼都知道了，我媳妇儿还说你看看人家，都是一样上班，人家成先进了，你啥时候也给我弄个先进回来。所以那段时间上班可积极了，跟人家先进学习，看人家是咋干的，咱也努努力争取当个先进啥的，有的时候回家了也会自己琢磨一些技术上的问题。也是那会儿跟我们单位一个技术骨干成了好朋友，我俩经常周末一起研究技术上的问题，看能不能有个创新啥的，那时候也是我看书最多的时候，以前也没有看书的习惯啊，也是那时候的经历养成了我现在读书的习惯，只要空下来了就会看看技术上的书，现在上网也是搜这方面的，就想看看现在国家又有哪些创新，我儿子就是学的汽车工程，他一回来，我们就会探讨这方面的问题，他们这个年代的人学得多，懂得也比我们多。"

随着社会自主性的日益提高，国家和社会之间逐渐出现有限分离，国家对单位的控制力逐渐减弱，单位对单位人的控制力也随之弱化，国家和社会之间的关系、单位与单位人之间的关系悄然发生转变。所以单位制度的变迁也逐渐瓦解了单位纸媒在单位以及单位人中的地位，单位人的独立性和自主性与单位纸媒的地位呈现出负增长关系，也就是说单位人的独立性、自主性越高，单位纸媒的地位就越发削弱，反之，单位纸媒对单位人的制约性越强。单位人对于国家政策方针的获取渠道逐渐多元化，单位纸媒作为国家、党和单位"喉咙"的地位受到冲击，单位纸媒不再是单位人奋勇争先推崇的传媒载体，单位纸媒在单位中发挥的功能也随之弱化。但是，单位作为一种传统的组织文化已经渗透到城市社会生活的深层领域，人们受这种组织文化的影响，逐渐形成了一种独特的价值观和行为规范。

单位纸媒的地位虽然呈现出断崖式下跌，但是其对于单位人的影响力依旧存在，单位纸媒依旧在单位内部承担着约束单位人行为的作用，是单位对单位人惩罚褒奖的重要载体。

不可否认的是，单位纸媒是单位制度的衍生物，其现实走向是单位制度变迁的缩影，体现了国家与单位的互动，以及国家、单位、个体之间互动关系的变迁，但是由于单位功能的彻底分化并不是一蹴而就的，所以单位纸媒的地位也并不会彻底消解，其在单位中的功能逐渐趋向基础化和标准化，承载了单位形象宣传的重要任务，也是单位进行内部宣传的重要载体。

(二)传统纸媒与单位纸媒的关系

20世纪末，传统纸媒正处于生存黄金期，其出版和广告方面的收入都非常可观。为了提高经营利润来增加自身价值，许多传统纸媒行业开展了多元化的经营活动方式，无论是交通、餐饮、还是旅游、房产，传统纸媒都活跃其中。如果说当时传统纸媒的多元化发展是一种锦上添花的行为，那么进入21世纪后，在互联网等新媒体的重重压迫下，报纸的主营业务开始变得步履维艰，陷入困境。单位纸媒也出现了同样的困境，单位人不再将阅读单位纸媒作为主要信息获取方式，争先恐后领取报纸的场景不复存在，甚至在一些单位、部门出现报纸成捆变卖废品的场景，单位纸媒所承载的意义及其发挥的功能大不如前。"那时候，报纸基本上是我们了解单位一些政策、事件的唯一方式，下了班之后也没什么娱乐生活，看看报纸就挺好，所以每期报纸一出来大家都抢着去看。但是后来大家开始听广播、看电视，现在就是手机。这些多方便，比报纸方便多了，有时候报纸登出来的信息都已经发生好久了，像现在单位还是有报纸，但是大家不会再抢着拿报纸了，报纸上的那些内容早在手机上就已经看到过了，以前大家还把报纸收集起来做成剪报，我以前也喜欢做剪报，家里有两三本呢，现在基本上报纸拿回来看一下就随手扔那儿了，有时候垫个什么，包个什么的，单位里对报纸也不那么宝贵了，我看有的部门一到年底大捆大捆的报纸都当废纸卖了，哪还有像以前那样啊。那会儿报纸基本是出来一期看一期，现在是个把月（几个月）想起来看一眼，可能跟退休了也有关系。"Y厂职工YGB说道。① 单位纸媒中刊登的内容早已经通过互联网等更加快捷的传媒方式传递给单位人，报纸早已经不是获取信息的唯一渠道，受众群体的减少导致单位纸媒的规范性较鼎盛时期相比，时效和内容都大不如前，因此单位纸媒的地位不断衰弱。

随着互联网的飞速发展，人们获取信息的方式以及阅读的形式发生了天翻地覆的变化，许多传统纸媒开始停刊或休刊，在苦苦挣扎了数十年之后纸媒大面积"阵亡"，传统纸媒正式进入行业的"寒冬"。其中一些资深媒体人也相继离开纸媒行业，或转向新媒体，或从事其他行业，如《21世纪经济报道》的记者郎朗加入了腾讯电商从事电商类工作，财新网资深记者赵何娟创办铁媒体网络公司，《商业价值》主笔夏勇峰辞退纸媒工作担任小米的产品经理，罗振宇等创办自媒体《罗辑思维》等，从业人员的大量转行使传统纸媒人才严重流失，也导致了内容质量下降。更为严重的是，传统纸媒的盈利模式也遭遇挑战，其发行量锐减、广告收入断崖式下滑，在新媒体的冲击下，其受众群体逐渐趋向单一化，受众数量也在大幅度锐减。正如传统纸媒的衰落一般，单位纸媒也逐渐被新媒体所替代，如单位微信公众号、微博、抖音等，单位纸媒原有的宣传、信息传递等功能逐渐转向新媒体，越来越多的单位纸媒只是在硬性规定下尚存，其刊载的内容也是可有可无，更多的是文化层面的附属性功能。

此外，与传统纸媒具有一定相似性的单位纸媒，在制作成本和工序上都不存在优势。首先，制作成本相对高昂，在新媒体出现之后，这一缺陷越发明显。单位纸媒需要经过编辑、审核、排版、印刷等一系列程序之后，方可成为一期完整的刊物，而新媒体的出现免去了繁杂的程序，省略了实物载体，无中间环节，最大限度地节约了制作成本。其次，报纸新闻的制作必须按照严格的流程和程序，简单来说就是制作工序费时，时效性低，通常单位纸媒按照规定周期出刊，时间跨度从一个星期到一个月不

---

① Y厂职工访谈(2019).

等，往往一些具有时效性的内容无法在第一时间传递给单位人，而新媒体的出现恰恰弥补了单位纸媒的这一短板，如召开人大或党代表大会等重要会议，微信公众号或者微博等其他新媒体当天就可以将重要内容进行实时转载或者传播，不但节约了制作成本，还保证了信息的时效性。借助新媒体在最短的时间内完成舆论任务，确保在新时代背景下高举舆论阵地而不会因为单位纸媒的滞后性阻碍单位与单位人之间的互动。新媒体的出现，打破了单位纸媒过去时间、空间、天气等诸多因素限制，其行文风格、版面等方面的问题也因此被改变，新媒体不仅替代了单位纸媒原有的功能，还打破了单位纸媒原有的局限性，对单位纸媒的冲击性进一步推动了单位纸媒的衰落。"纸质版的报纸从开始收稿、审核、排版再到印刷，这中间不止时间上花费很多，而且印刷费用也比较高，要是真能像以前似的，大家都看还行，现在不一样了，现在大家基本不看报纸，这就相当于定期有一笔钱给浪费掉了。而且报纸传播的速度太慢了，以前没有广播、电视，没有手机的时候，都等着看报纸呢，现在谁看报纸呀，报纸没出来前，啥信息都在手机上唰唰来了。说实话，现在的单位的报纸吧，不能够和单位员工进行即时互动。你说它只是发挥了一个传递信息的作用，让单位员工知道公司又发生什么大事了，员工有什么想反映的还得经过一段时间投稿、筛选，这中间又得间隔好长时间，所以它往往效果跟预期的不一样，现在有了手机，互联网，有啥就可以直接反映，也不需要中间审核啥的，而且效率也高啊，这边刚发出去，那边就能够做出回应，这两个的差别多明显啊，谁还会想要通过报纸啊！时代在进步了啊，你看现在还有书报亭嘛，以前一条街上一个书报亭，大家只有通过报纸才能知道国家大事，现在呢，估计一个城市都难找到一个书报亭了，大家也不需要通过报纸获取信息了啊，手机多方便，手机走到哪儿随时刷到哪儿，上一秒发生了什么，下一秒全国都能知道。"Y厂单位纸媒曾经的通讯员说道。[1] 纸媒在众多新的传媒手段层出不穷的背景下不断萎缩，这是现实，也是必然的，纸

---

[1] Y厂通讯员访谈(2019).

媒衰退的进度与国家飞速发展的经济和互联网事业息息相关。但是，单位纸媒作为单位内部的传媒资料，它有别于其他普遍意义的传统纸媒，除承担传媒性功能外，还有单位性功能。

(三) 单位纸媒监督功能失效

单位纸媒与其他纸媒有着明显的区别，其监督功能远不如其他大众纸媒。单位纸媒一般都是立足于国有企业的经济发展，其在内容报道上更倾向于报道积极正向的企业形象，如我们常常在单位纸媒上看到"企业收益再创新高""企业突破创新技术""企业劳模"等。积极正向的企业形象不仅是单位宣传的需求，还成为某些高层领导人的"贴金助手"，单位纸媒报道的内容经常出现"报喜不报忧"的状况，与普通纸媒不同，单位纸媒缺少对单位内部的反思与监督。以Y厂纸媒为例，从现有的纸媒资料中可以发现，单位纸媒报道的内容千篇一律，大多是模式化的会议报道、面面俱到的工作总结、穿鞋戴帽的标语口号、多年一贯的好人好事以及创新性的技术性报道等。单位纸媒在进行单位内容报道时，向于对企业的正面报道，如企业的先进典型或者一些劳模、英雄事迹等。对于企业中一些不好现象的报道鲜少出现，如Y厂从1955年到现在，基本没有报道有关企业本身的负面新闻。报刊内容缺乏灵活性与创新性，体现不出单位纸媒对于企业发展的监督作用。单位纸媒的报道方式忽视了单位纸媒作为企业媒介应该具备的危机公关功能，一旦企业发生生产事故或者其他影响企业发展的负面事件，单位纸媒很难和其他大众纸媒那样第一时间做出危机公关处理，监督功能的失效反而会让企业陷入绝境。单位纸媒作为企业的一种媒介，其主要功能是进行党、国家相关政策、方针的宣传以及起到激发企业单位人生产积极性的作用，但是单位纸媒作为企业理念以及企业信息的重要宣传窗口，其单位功能和传媒功能应当齐肩并重。单位功能是单位纸媒的政治核心，传媒功能是单位纸媒的文化核心，政治核心体现为单位纸媒的动员能力，文化核心除了纸媒的形塑能力外，还应该具备监督功能。而作为组织中的组织，单位报社不得不"屈从"于单位，纸媒人在组织架构上并不是独立于单位架构之外的，因此纸媒报道更趋向于突出单位功能，从而弱化了传媒功能。一位 Y 厂的社区的工作人员说道:"你们也可以看到我们单位的报纸,上面的内容基本都是关于单位取得哪些成果,单位又获得哪些荣誉,又或者是单位一些先进评比、好人好事之类的内容,就是报纸上的内容都是关于单位好的东西,几乎没有关于单位不好的一面。要说有不好的一面,那也最多就是单位哪个人做了什么错事,全单位通报批评这种。虽然也有版面供我们进行投稿,但是没有谁通过投稿去说单位哪儿哪儿做得不好的,就像你们说的监督功能这是不存在的,不可能通过报纸去说单位的不好,虽然说是允许的,但是不可能会发生。我觉得啊,有的时候,有人会投稿说单位哪里做得不好,可能会有相关的部门联系你解决问题,但是肯定不会报道出来,而且单位办报纸也不是说借助报纸来监督单位啊或者单位领导的,它主要还是传播一些单位重要事件或者国家又有哪些政策的。"[①]单位纸媒从创办之初就忽略其媒体性中的监督职能,国有企业创办单位纸媒的目的也仅仅是思想政治教育和单位内信息的传播,单位纸媒的监督职能早已剥落,而这也凸显出单位纸媒与大众纸媒之间的差别,从某种程度上也造成单位制改革之后单位人对单位纸媒态度的转变。

(四)单位纸媒管理体制诟病

正如前文所说,单位纸媒组织作为纸媒中的组织,在兼具单位性和传媒性的双重身份下使组织的管理体制出现诟病,导致管理体制出现弊端的主要原因表现在以下两方面:一方面是单位纸媒需要符合国家办刊、办报的法定程度和标准。国家新闻总署关于企业单位纸媒创办提出了一些要求,明确将一些单位纸媒从报刊转变为"内部资料",2015 年国家新闻出版广电总局发出通知:"4 月起新执行《内部资料性出版物管理办法》,对内部资料刊物做出相关规定,其中按照相关程序进行准印证的核办是必不可少的一部分。"然而,一些单位纸媒并没有按照国家的规定进行注册,所以一些单位纸媒并不符合国家新闻出版广电总局对于单位纸媒的规定。究其原因与一些单位的管理层有着密切的关联,单位管理人员从单位成本出发,

---

[①] Y 厂社区工作者访谈(2019).

认为如果一旦进行了登记注册，可能会增加企业创办单位纸媒的成本。由于单位纸媒与其他大众纸媒相比并不能通过刊登广告而增加创办经费，纸媒全过程的所有费用都需要企业自身承担，所以一些管理人员出于节省创办成本的经济原因而不去登记注册，导致部分单位纸媒并不合规。另一原因是单位纸媒内部管理体制要符合单位内部的规范性。隶属于单位的单位纸媒组织在管理结构上要服从于单位，使得单位纸媒在创办规模与内容选取方面受到企业上层领导的严格控制，创办情况要看领导的意识形态决定，单位纸媒编辑部人员虽然负责报刊的编辑发行事务，但其内容的选取和决定都要通过单位管理层把关审批后才能实施。虽然这可以对单位宣传需求有所保证，却在一定程度上导致报道内容片面僵化以及编辑人员创作能力的受限，使得单位纸媒编辑人员陷入"单位边缘人"的尴尬境地。尤其是单位纸媒尚未形成规模之前，单位纸媒的编辑人员与技术工人相比，在企业中的地位并不高，他们的岗位职责逐渐模糊。而到了纸媒的鼎盛时期，单位纸媒成为单位人"羡慕"的工作岗位，与建厂初期对工人技术岗位的重视相比，"坐办公室"的纸媒工作在单位人眼中是"白领"。一位Y厂职工说："报社那多好啊，多清闲啊，不像我们这黑白班倒，累得够呛，你看人家坐办公室里，风吹不着，雨淋不着的。我老姑娘就在报社，当时她是师范专科毕业，寻思进厂干啥好啊，上生产线小姑娘也干不动，后来就给她整到报社，我们全家就数她最轻巧（轻松）。"[①]进入市场经济阶段，单位纸媒地位的变化使得编辑部也逐渐"边缘化"，对于这一部门的管理也趋向松弛，一些小型国有企业为了节约成本，单位纸媒的编辑工作由其他岗位的员工兼任。从单位纸媒的任何时期来看，我们都不难发现，大多数单位纸媒并没有完善的编辑部门，少数大型国有企业将单位纸媒独立开来，成立专门的报社，但是作为服务于单位的报纸，在报道内容、组织架构、人员管理上都必须服从单位，久而久之，单位纸媒人对单位纸媒的责任感和职业忠诚度不断下降。一位曾经在Y厂单位纸媒编辑部工作过的职工

---

① Y厂职工访谈(2019).

第二章 单位纸媒的缘起

说:"以前在报社上班,那属于机关部门、行政部门,那待遇、身份肯定要比车间的好,车间的说出去那是工人,报纸那就是办公室的,所以那会儿大家还是削尖了脑袋(想办法)想要到编辑部上班,有的人就因为写了一手好文章,一下子就从车间转到编辑部,身份也从工人变成文职了。有的人就因为从车间调到编辑部,然后一步一步就走到了单位的管理层,那会儿单位对编辑部的管理也逐渐走上正轨了,毕竟这可是单位的喉舌啊,国家下达的任何指令或者颁布的政策、方针都得靠着它传达到下面去。但是后来慢慢地报纸也不受重视了,单位也会将这个部门的人员抽调走,我记得有一阵儿就剩下几个人了,报社基本上就是整个单位最不受待见的部门了,没什么权力,也没什么技术含量了,挣得还不多,都宁愿在车间工作,毕竟在车间那福利和工资还是不错的,编辑部基本上就相当于一个被遗忘的部门吧,只有一些想要养老等退休的人想去这边。所以这个部门的管理也就很松懈,不像其他部门各种条条框框很正规,他们只要不出什么错就不会对他们有啥要求,估计就是在单位周年纪念或者特殊时期会忙点,领导才会多关注到他们,平时没人管。"[①]

(五)单位纸媒自身发展的局限性

单位纸媒对单位在信息公开、经验交流、工作推动等方面发挥了积极的作用,但也存在诸多问题,其局限性产生的主要历史因素有三方面:一是单位纸媒的组织性质;二是单位纸媒的组织架构;三是单位纸媒的报道内容。在纸媒组织性质方面,有些单位纸媒未按国家规定进行审批登记,严格意义上属于非法出版物;从组织架构来看,单位纸媒的人事调度、架构调整并不是由纸媒组织本身决定的,在组织架构上缺少自主性;在单位纸媒内容报道方面,单位纸媒不能通过刊登广告等方式创收,主要的服务核心是单位功能,这在一定程度上使纸媒在发展中丧失了自觉性,但也不乏出现一些单位纸媒违反规定向社会广为散发,有的还刊登广告、转载他人文章、侵犯他人著作权等方式谋利的现象。

---

① Y厂职工访谈(2019).

从单位纸媒的定位来看，无论是单位人还是社会大众对于单位纸媒的了解和认知都是从传统的新闻传播以及单位文化的视角去获得感性体验，单位人将单位纸媒只是看作公共媒体资讯补充的配角和丰富单位人业余生活的文化园地，因而单位对单位纸媒缺乏战略性的远见规划。此外，当前一些单位纸媒热衷于报道单位中发生的新闻和活动，只是单纯地将单位纸媒作为传声筒，却忽视了单位纸媒的主观能动性以及当初创办单位纸媒的目的。

从单位纸媒稿源来看，在单位纸媒兴起阶段，主要依靠单位人的投稿以及刊物内部稿件为主，一些单位人依靠过硬的笔杆子从技术工人一跃成为工作相对体面和轻松的行政人员，故而那一时期的稿源丰富。但是随着单位制度的变迁以及单位纸媒在单位中地位的逐渐削弱，依靠笔杆子改变"命运"的时代已经逐渐远去，单位人的投稿热情也逐渐消退，久而久之，单位纸媒逐渐出现稿源匮乏、无稿可刊的现象，甚至出现以各种方式鼓舞单位人投稿的现象。稿源不足也使单位纸媒原创性文章匮乏，而大众化、趋同化、商品化的东西增多，其更加难以受到单位人的欢迎。

从单位纸媒的发行范围和投入成本来看，其受众对象只是单位人，而其投入成本与单位的经营状况直接挂钩，尤其是当前单位纸媒的地位和功能的下降，使其在单位中逐渐边缘化。单位纸媒自身的这些局限性是其未来发展的绊脚石，但是如何去突破单位纸媒的发展困境成为当下亟须解决的问题，也是各单位和学者们值得去思考的问题。

(六)单位纸媒的"社会化"走向

随着时代的发展以及国家政策的推动，一些单位纸媒被允许公开发行，让其逐渐走向市场化，其以外部导向为主要功能，主要向外部传递企业信息，包含企业的文化内涵、产品信息、企业形象，使其作为一种媒介建立着企业和企业市场目标群体之间的联系。单位纸媒走向"社会化"的表现如下：第一，单位纸媒的通讯人员从内部通讯员和单位人逐渐扩大到外部专家或者客户等特约撰稿人，通讯员的多元化导致单位纸媒的内容不再局限于企业内部生产活动等方面内容的报道，而是从更多的角度进行不同

第二章 单位纸媒的缘起

内容的编撰,让单位纸媒传播的内容更加多样化;第二,单位纸媒的影响主流化,单位纸媒对社会、经济干预意识的逐步增强,影响力正在不断扩大,大有由"小众"读物跃升为主流的趋势。"现在报纸本来就没有什么人看了,即使是内部的人基本也不太会看报纸,但是一些企业还是每月或者定期出报纸发给单位职工。单位出的报纸、刊物已经在单位内部发挥不了什么大的作用了,所以有一些单位就开始把报纸、刊物面向大众了,或者直接发给客户,里面基本都是介绍公司新产品或者公司正面形象的东西,改变了单位内部刊物的本质了,但是我们单位并没有走这条路,依然坚持只对内部员工分发。其实我觉得单位内部刊物逐渐面向社会是一种大趋势,本身纸质版刊物已经逐渐被自媒体所替代了,单位内部刊物也不会幸免,但是单位又不想就此停掉内部刊物,不如把它面向社会,把它做成一种广告或者宣传的方式,这也会成为企业宣传的一种特色。说实话现在自媒体的那套东西更像是一种快餐文化,它阅读起来是非常方便,但是看过之后留下印象的往往很少,基本都是读完就忘记了,而纸质刊物相对来说让人可能印象会更加深刻点,而且一旦想起来,翻阅起来也会更加方便,它不会被删除,不像自媒体里的内容删除就没了,它只要印刷出来就会一直存在着,我觉得我们单位可以考虑考虑做出一些改变。"Y厂单位纸媒曾经的编辑人员说道。[1]

单位纸媒的"社会化"就是把企业内刊做"经营服务工具",这是区别于新闻传播理论体系的"舆论服务工具"与企业文化理论体系的"文化表现工具"的公关理论体系的科学定位。[2] 它的价值实质是国有企业管理人员借助内刊的传播效力,按照自己的利益诉求去影响企业内外目标,为实现单位的经营战略规划和发展目标搭建平台。国有企业越来越重视外向传播的重要性,特别是在表达国有企业诉求、进行国有企业市场拓展的需要方面。而单位纸媒不会简单固定在单位内部的传播沟通上,更多地表现出国有企业的"社会性"需求。单位纸媒成为建设国有"形象工程"的阵地,也是国有

---

[1] Y厂报纸编辑访谈(2020).
[2] 周涧.企业沟通——企业公关刊物传播运作研究[M].武汉:武汉出版社,2006.

企业对外宣传和树立企业形象的一种方式，在更广阔的视野上对企业发展起到指导作用。

"单位纸媒社会化是国有企业与社会发展一体化背景下，单位纸媒读者社会化、内容大众化、形式媒体化、影响社会化的现象。"[①]单位纸媒的社会化也是国有企业发展到一定程度时的必然趋势，是国有企业对外的窗口，其不再是"内刊"的身份，而是国有企业与外界沟通的公共媒介。此外，一些单位纸媒借鉴其他企业报的经验，将单位纸媒作为企业产品的延伸和传达品牌理念的载体，把单位纸媒所内含的企业文化和专业知识与产品一起销售，以期巩固现在的客户，培育潜在的客户。国有企业在读者的阅读中传达着企业品牌形象，一部分读者将产生现实的购买行为，成为品牌的忠实购买者。用单位纸媒传递品牌文化、专业知识，用文化知识开拓并巩固市场，已成为企业差异化竞争的重要手段。

单位纸媒"社会化"是国有企业对于单位纸媒一次根本性的改造，是一个复杂而系统的工程，这不仅仅是国有企业发展的需求，也是时代对其提出的要求，从某种程度上来说，单位纸媒的发展受国家政治、经济的影响，更受时代发展需求的引导。

单位纸媒作为国家发展过程中的产物，其存在的意义以及发挥的功能也随着国家发展需求而变化。在建国初期，单位纸媒主要承担着宣传党的方针、政策和本单位各种会议讲话精神的任务，其目的在于让所有的单位人了解国家精神，从而起到思想政治教育和引导的作用，把党和国家有关加强思想政治工作的指示精神迅速传达贯彻到广大单位人中去，使之家喻户晓、深入人心，并成为指导单位人行动的准则。此外，单位纸媒还报道单位典型、先进以及单位重大成就等内容，其目的在于激发单位人的生产积极性，使广大单位人发自内心地从情感上认同先进人物的行为模式，从而将全体单位人的行为引导到企业期望的方向。随着时代的发展，单位纸媒逐渐"社会化"，它从"企业内刊"逐渐公开发行，其目的在于展示企业形

---

① 陈大军. 企业报刊社会化浅析[J/OL]. 中华传媒网传媒社区，http://bbs.mediachina.net/index.

象，形成与外界、客户的沟通渠道。国有企业也面临着和其他企业一样的发展困境，即如何扩大更多的客户，正如张瑞敏所说："企业的核心竞争力是企业拥有客户资源的多少，谁拥有客户资源多谁的核心竞争力就强。现在我们处于从物品短缺到客户短缺的时代，有钱可以买到最好的设备，也可以买到很好的技术，但不可以买到客户资源。"[①]所以，一些国有企业不得不改变单位纸媒的性质，让其从"内刊"转向"外刊"，让企业产品、企业文化等通过单位纸媒传递给所有的人，继而扩大企业的客户群。

单位纸媒作为时代发展的产物，其在未来的发展道路上还需要面临更多的挑战，尤其是来自新媒体的挑战。以数字技术和网络技术为支撑的新媒体迅速发展崛起，尤其是以互联网和手机为代表的新媒体，以其基于精确受众群体的媒体营销方式、基于社交圈黏性的媒体传播方式，为公众及时快捷地提供个性化内容服务，实现传播者与受众的实时互动，提供信息接受者之间个性化的实时交流，它们的出现对传统媒体环境下的宣传工作产生了巨大的冲击。单位纸媒作为一种传统的传播方式，其传播的受众范围和数量相对有限，同时也无法与受众进行信息的互相传递以及沟通，无法完成信息的即时反馈，无法第一时间知晓受众的需求以及对刊物内容的看法，从而无法对单位纸媒进行适应性的调整和改进。所以，在未来的发展道路上，单位纸媒的存在意义究竟是什么，值得我们去深思和探索，同时，关于单位纸媒未来的发展道路也需要我们进一步去考虑和探讨。

---

① 张瑞敏. 中国企业如何应对跨国竞争[EB/OL]. 新浪财经，http: // finance. sina. com. cn.

第三章 单位纸媒的萌芽
(1955—1964)

一、单位纸媒的生成

(一)"国家—单位—个人"三层次的纵向连接控制机制

国家作为对一定的领土及该领土之上的人民拥有控制权的强制性组织,[①] 行政、立法、赋税征收以及强制机构是一切国家的核心。而个人则强调个人的自由、个人利益,强调自我支配的政治、道德和伦理,强调个人主义是一种从个人至上出发,以个人为中心来看待世界、看待社会和人际关系的世界观。如何将具有控制权的强制性组织与具有自由性的个体链接起来,形成个体对于国家的依赖,成为新中国巩固政治权利亟须解决的首要问题。此时,单位的构建成为解决这一问题最有效的方法,并在个体与国家之间发挥着中间性组织的链接作用,以"单位—国家—个人"[②]为纵向主轴的单位社会就此产生。以"单位—国家—个人"为纵向主轴的单位社会在特殊历史时期占据了特殊地位。单位社会的出现并非偶然,而是与中国千百年的文化密切相关。纵观历史长河,姓氏宗族的观念实则是血缘形成的单位社会,也就是"长老社会",而乡绅、公序秩序的出现则是地缘下的单位社会的形成,也就是大同思想下的"井田制度"。在结束了百年危机

---

① [美]彼得·埃文斯,迪特里希·鲁什迈耶,希达·思考切波.找回国家[M].方力维等,译.北京:三联书店,2009.
② 田毅鹏,刘杰.重回单位研究:中外单位研究回视与展望[M].北京:社会科学文献出版社,2015.

第三章 单位纸媒的萌芽(1955—1964)

和动荡后的中国,以战争动员为核心的社会动员文化仍遗留在新中国的建设中,国家的整合动员力量催生了单位这一在短时间内集聚举国力量创造最高效益的组织形态的出现。20世纪中叶,新政权建立初期,击退所有危害国家安全和人民利益的不良势力的毛泽东发现自己面对的是一个百废待兴的国家。他掰着指头说道:"现在我们能造什么,能造桌子,椅子,能造茶壶茶碗,能种粮食,还能磨成面粉,还能造纸,但是一辆汽车、一架飞机、一辆坦克、一辆拖拉机都不能造,我们也要有这样的汽车厂。"①如何巩固新生的政权?如何兑现对人民的承诺?毛泽东决定效仿苏联模式,走上工业化发展道路,Y厂在此背景下落地建成。作为中国第一个汽车制造企业,"共和国工业长子"曾经是这家中国最大汽车制造企业的特殊称谓,拥有着传统文化与现代科技的双重基因。它是国家发展战略的浓缩,是几代中国人工业强国梦想的焦点,在当年特殊的历史背景下,国家战略与强国梦想激荡生辉,以一种全民动员的方式点燃了一个古老民族在近代以来时起时落的民族振兴激情,奏响了一首气势恢宏的交响组曲。作为奠基时汉白玉石碑的抬运者,当时在Y厂参与建设的LLQ回忆道:"从这么多人当中要选拔六个年轻的共产党员,老共产党员很多,要年轻的,那么选了我们六个人,我们当然很高兴,就感到很光荣,能参加这次奠基的活动,也是中国汽车工业的奠基,不仅仅是Y厂的奠基,我感到很光荣。"②1953年6月下旬,毛泽东在一张八开的宣纸上写下十一个字,接到题词后,Y厂的工作人员马上选取了最好的汉白玉石头,请来雕刻技术精湛的50多岁的迟姓老师傅来篆刻毛主席的题词,李岚清、王恩奎、周同义、李伯林、贾治学以及郭杰凯六名年轻的共产党员被挑选出来负责在奠基仪式上抬运石碑,Y厂副厂长张瑛回忆:"为做到抬汉白石碑时万无一失,六位同志事先进行了多次实地演练。为保证出场效果,厂里给他们统一配备短袖白衬衫。当天两辆大型起重车将两面巨幅五星红旗缓缓升起,在刻有毛泽东题字的汉白玉石碑旁,东北人民政府副主席林峰,中央政府一级部

---

① 毛泽东在苏联参观斯大林工厂时的讲话.
② 李岚清在Y厂建厂60周年的采访(2005年).

部长黄第敬，Y厂厂长饶斌共同挥锹铲土，埋下基石。"①

百废待兴的新中国决定效仿苏联模式快步踏上赶超型工业化发展道路，在此背景下大型国有工厂应运而生。作为国家起宣传、动员作用的工具，单位纸媒成了工厂内最权威的官方发声。新中国建设新型工厂初期的重重困难不仅需要物质、技术和设备的支持，更需要集体主义道德原则下的精神力量。本研究选择Y厂作为个案，是因为Y厂是"单位制典型示范"的东北老工业基地中国家重点扶持的国有汽车企业，是"典型中的典型"。三年建厂成为举国关注的大事件，全国各地的媒体都纷纷派遣记者常驻建设工地进行跟踪报道，一些摄影设备尚不齐全的报社，记者们就手绘施工场面刊登在报纸上。被报道的不仅有Y厂的施工进度，还有Y厂建设的志愿兵代表，记者们为志愿兵代表做访谈、绘制画像，纸媒作为最普遍的传媒工具将他们的事迹传播到全国各地，使其不仅是单位的典型，也成为全国的典型。

1948年东北率先"解放"后，黑龙江、吉林、辽宁三省的省会城市逐步开始推进政权建设，单位社会在建国初期逐现雏形。以Y厂为例，Y厂涵盖了单位人从出生到死亡的所有社会职能，"企业办社会"兼具了生产功能和生活功能，虽然单位社会在空间上一般是幅员辽阔、占地面积巨大的空间，但是单位社会的封闭性导致了"国家—单位—个人"具备其他社会结构不具备的稳定性。在建国初期，工业的发展使工人阶级有了一个不属于学术概念的称谓——工人老大哥，单位人作为持有铁饭碗的"工人老大哥"自然是有较高的社会地位，在对Y厂老职工的访谈中发现，从进入单位到死亡几乎没有人离开单位，就算是有流动也是单位之间的流动，而这种流动绝大多数并非自愿，而是听从国家和组织的安排，更多的作为其他单位的支援而实现流动。在建国初期，单位人才制度尚未完善时期，单位内部的阶层流动也只有通过在组织内部的积极表现和卓越贡献才能够实现，想要实现企业内部的阶层流动就必须表现出对单位的忠诚，成为单位所期待的

---

① 张瑛在Y厂建厂60周年的采访(2005年).

第三章 单位纸媒的萌芽(1955—1964)

典型是实现阶层流动的唯一方式。典型在进行身份认同和角色互动时所面临的是与权威领导人和权威机构的双重交涉,典型与领导人、机构的关系,不是单纯的个人关系,也不是纯粹的公私关系,而是将公共的因素与私人的因素结合在一起。华尔德认为,"个人对单位的依赖是将对一个组织和一种意识形态的公共效忠与对领导者的私人效忠连接在一起。"[①]这种人员流动和阶级流动的固定性,一定程度上也是国家所追求的稳定性。而这种单位内部的稳定性和阶级流动的固定性,进一步提升了单位纸媒在单位内部的地位,使其成为单位的"喉舌"。

(二)"共和国工业长子"的诞生

1886年1月29日德国工程师卡尔本茨发明了世界上第一辆三轮内燃机车,这一天被世界公认为"汽车诞生日"。几十年后的地球另外一端,一个古老民族的汽车工业也缓缓拉开序幕,中国开始制造自己的汽车。1950年2月14日,一个影响乃至决定新中国早期现代化建设进程和模式的协定终于问世,双方代表团经过"马拉松式"的艰苦谈判,中苏两国代表在莫斯科正式签订了苏维埃社会主义共和国联盟政府关于贷款给中华人民共和国的协定,确定了一批苏联援助中国建设的156项重点工业项目,其中就包括制造一座汽车厂。不到一个月,毛泽东在沈阳的东北高级干部会议上,再次表达了发展民族汽车工业的决心和信心。苏联援建Y厂的"00831号合同"中规定苏联于1951年12月完成中国Y厂的初步设计、1952年10月完成Y厂的技术设计。在获得苏联支持的同时,中国第一代汽车人也开始登上历史舞台,将他们发展民族汽车工业的梦想付诸实践。1950年的新中国百废待兴,此时在苏联的支持援助下,中国第一个汽车制造厂的建设已经被提上日程。汽车制造是资本和技术密集型产业,没有资本可以节衣缩食、省吃俭用,但技术能力的储备并不简单。作为被援助的一方,中国的汽车工业人才少之又少,国家将少得可怜的技术人才陆续聚集到一个名叫汽车工业筹备组的机构之中,汽车工业筹备组的副组长叫孟少农。原Y

---

① [美]Walder Berkeley Andrew G. Communist Neo-traditionalism: Work and Authority in Chinese Industry[M]. Berkeley: University of California Press,1986.

厂副总工程师李松龄回忆道："孟少农说我们要百废俱兴了，我们中国从来没有汽车工业，我们国家的车都是万国车，哪国车都有，现在我们要建立起我们中国自己的汽车工业，这是多么好的机遇呀！同学们，跟我一起干吧！"①孟少农原名孟庆基，湖南桃园人，1936年考入清华大学机械工程系，1941年考取留美公费生，进入美国麻省理工学院机械系学习。学习期间，孟少农先后在美国福特等著名汽车公司担任实习工程师，福特等几家公司都很器重孟少农，希望他能留下来，但孟少农还是谢绝了，于1946年搭乘二战后中美通航的第一班轮船回到中国，进入母校清华大学机械系执教。1947年7月孟少农加入中国共产党，是当时中国共产党内极为稀少的世界顶尖大学毕业的党员教授。孟少农进入汽车工业筹备组后，首先想到的能够在短时间内聚合起来的技术力量便是自己的学生。原中国汽车工业总公司总工程师陈祖涛回忆道："他是副组长，在美国留学的，搞汽车的，回来以后在清华成立了一个汽车系，他是第一任系主任，所有的学生都是他的，汽车厂的学生都是他的，所以他就从那里捞了不少人。"原Y厂总设计师刘经传指出："我们就在那时候，1956年，我当时在清华念的是三年级，大学三年级是机械系，那么我们念完了之后整个的一个班90%的人就被通知到这个汽车工业筹备组。"原Y厂副总工程师陈家彬回忆道："我是1948年考取清华大学的，到1951年的时候，我们也到了三年级，不是说要建设汽车厂吗？所以我们一个班有37个人到汽车筹备组实习。"一位筹备组的学生回忆道："开会的时候郭力当时是汽车工业筹备组的主任，孟少农是副主任，那么郭力拿着一个文件跟大家宣布，这个文件上边呢，就是中央的决定，要建立652厂，就是汽车厂，就是现在的Y厂吧，而且这个厂长是郭力，就是他。我们那个时候那个高兴得劲儿啊，中国也从来没有这个事情，要建立Y厂了，大家都非常高兴，全场都很沸腾啊！"②这座待建设的汽车厂被称为"652厂"，直到1953年毛泽东为汽车厂奠基纪念碑题词，自此652厂正式更名为Y厂。汽车筹备组的学生们来自清华大

---

① 李松龄，Y厂六十年纪录片的访谈.
② Y厂筹备组成员访谈(2019).

第三章 单位纸媒的萌芽(1955—1964)

学、燕京大学、同济大学等国内知名的高等院校,他们都是即将毕业的大学生,共有一百多人,来到筹备组的学生们迅速开始投入工作,主要的工作内容就是拆汽车,一部是苏联的吉斯 150,也就是后来的解放牌的前身;一部是美国的吉普,这两部车子把它拆下来,然后再将它重新安装,看能不能重新启动驾驶。对于筹备组技术骨干的培养,不仅停留在汽车的拆装上,还先后派送学生前往苏联进行学习,几个月后,"652 厂"的第一批建设者们前往苏联斯大林汽车厂进行学习,Y 厂在建厂前后先后派出八批共 500 多名技术人员到苏联学习,筹备组的同学们是先于这 500 多人来到苏联的,因此被称为"第零批"。为了全面掌握理论知识和制造技术,"第零批"的中国新生们在一年多的时间里如饥似渴地学习,希望能够通过自己的学习,弥补中国与欧美国家在汽车工业上的差距,但是他们的期望在苏联的汽车厂里没能得到实现,因为当时的苏联也是照搬美国 20 世纪三四十年代的军用卡车技术,虽然与最初的期待有所差距,但中国实习生们还是像泡在水里的干海绵一样,奋力地吸水。一位"第零批"的学生回忆说:"我算了一笔账,我们在苏联每一个小时,包括睡觉,就让我们国家拿出一块钱,当时一块钱还是很值钱的,国家花了那么大的价值,我们再学不会东西,这回头怎么交差啊!在苏联的时候,最后这个伙食吧,我们当时七八个卢布一个月,我们吃了东西之后还留下这么一点点钱,留下的不多了,我们这八个人把这个钱百分之百地买书,现在想想我都觉得不可思议,一下子学那么多东西确实学了很多,这些东西回来之后起了很大的作用。"[①]"苏联的今天,就是中国的明天",这是在 20 世纪的中国一句很鼓舞人心的口号。当时苏联是中国新政权建设中最大的支援者,中苏友谊牢不可破、万古长青的信念使无数中国人对此坚信不疑,手风琴、布拉吉、巴黎舞裙漫天飞舞,为这层友好关系蒙上了一层温暖的玫瑰色。如今流逝的时光,让这段历史显得古香古色,一位曾在苏联学习,学成回国后又被派往苏联学习的高级将领的人生历程便是这段历史的真实写照。1939 年,年

---

① Y 厂第零批苏联学生访谈(2019).

仅 11 岁的陈祖涛曾跟随担任红军高级将领的父亲在苏联生活；1951 年，陈祖涛放弃苏联国籍回到祖国，他未曾想过自己将成为中国第一个汽车制造企业的第一名员工。陈祖涛回忆说："我是 1951 年啊，三月份大学毕业的，大学毕业以后啊，我跟我一个同学，他的父亲也是个烈士，他现在还活着，叫赵式阁，我们两个当时刚一毕业，他比我早一点毕业，为了回国，两个人一起找总理，总理就把我们接去了，邓颖超和周总理（把我们）接到中南海，问我回国以后想干什么事。我说我们大学毕业啊，我就说我在苏联斯大林汽车厂实习过三次，赵式阁说他是学冶金的。周总理说，那好，赵式阁你到鞍钢去，去到鞍山，鞍山正在恢复，我呢，你是汽车厂，那好，你回苏联，他们正在帮助我们建一个汽车厂，你去参加整个工作，筹备工作。"筹备组的人员开始学习造车技术，而对于汽车厂的选址问题还没有最终敲定，正在苏联学习的陈祖涛被调回陪同苏联专家参加选址工作，到底汽车厂要建在哪里，陈祖涛回忆道："到底选在哪谁都不确定，所以一开始就跑了五个省，贵州、四川、湖北、湖南，还有陕西，五个省 32 个县，这个范围以内啊，选嘛！最终能决定厂址的人还是当时的中央人民政府政务院总理周恩来，周总理说：'这是一个特大项目，所以要靠近苏联，真的有什么事情啊，苏联在旁边能帮助我们。'所以最后定在东北建设一个现代化的汽车制造厂。"[1]汽车厂的选址必须综合考虑电力、钢材供应和铁路运输等基础设施的完备程度，在东北日伪时期遗留下来的位于吉林市的小丰满水电站是东北电网的核心，被称为中国水电之母，辽宁鞍山的鞍钢是国内规模最大的技术水平最高的钢厂，还有俄国和日本在中国东北持续多年修建的铁路也已经形成了四通八达的网络，总长度达到一万多公里，建国初期东北地区确实有着突出的基础优势。1951 年 1 月 3 日，周恩来批示："可将嘎斯装配厂设于北京，吉斯制造厂设于东北长春附近（吉斯制造厂就是 Y 厂）。"[2]时任政务院财经委主任的陈云，根据当时的战略考虑和周恩来的指示，"决定厂址定在东北，在四平至长春之间选择"，最终

---

[1] Y 厂成立了六十年访谈（2005）.
[2] 1951 年 1 月 3 日周恩来批示.

第三章　单位纸媒的萌芽(1955—1964)

通过对四平、公主岭、长春三个城市的人口规模、供电能力、交通条件及地理环境等方面的调查分析，长春市孟家屯火车站铁路以东这片区域被确定用来建设汽车厂。[①]这里接近城市，地形开阔，有可利用的铁路车站和伪满时期留下的房屋，在一定程度上节省了资源。长春市西南郊区的孟家屯，抗日战争时期入侵中国的日本军队曾在这里建设了细菌工厂，所以在当地人的眼中这块废弃的土地毫无用处。直到1951年这里成为中国第一个汽车制造厂厂址，当时汽车厂属于国防战略建设，安全第一是前提，因此一开始的选址方向都是革命老区，特殊的历史背景，亲苏的外交政策，让新中国汽车工业的梦想在长春市西南角这片曾经废弃的荒地上落地生根。关于建厂进度，中国重工业部曾经提出"四年建成"的大胆设想。为此，孟少农被派往苏联协商，令中国方没想到的是，苏联方似乎更加急于帮助自己的"邻居"建成这个汽车厂，他们提出三年建成。1952年12月28日一级部(52)第27号文件正式任命饶斌为Y厂厂长，郭力、孟少农、宋敏之为副厂长。孟少农将筹备组组长的位置让给郭力，郭力将厂长的位置让给饶斌，这两次让贤成就了两段无私奉献精神的佳话，也让Y厂的创业历程变得具体而生动。1953年5月27日，中国最高领导人会议上，毛泽东、刘少奇、周恩来、朱德、邓小平等领导人一致支持Y厂三年建成出车。1953年6月9日，毛泽东签发了《中共中央关于力争三年建设长春汽车厂的指示》，同时要求和号召全国支援Y厂建设。1953年7月15日，长春市西南郊区的荒野上积聚了来自全国各地的建设者，他们意识到自己将要开创一段历史，也就是这个文明古国的第一个汽车制造工厂将从这里开始。作为新中国最大的汽车制造工厂，"共和国长子"成为Y厂独有的称谓，虽然这个称谓并不是严格意义上的学术概念，但足以在此称谓中体味到Y厂在新中国时期的重要地位。新中国成立后，如何巩固新生的政权，如何兑现对人民的承诺，成为以毛泽东为代表的国家领导人亟待解决的问题。领导人意识到，现在的中国只能生产大米、面粉和布料，连一个拖拉

[①]　中央财经委员会关于Y厂制造厂选址第44号文件.

机都不能生产,因此建设属于自己的汽车制造工业成为国家强国计划的浓缩。国家战略与强国梦想激荡生辉,最终选择了以全民动员的方式建设属于中国自己的汽车制造工厂,因此,Y厂的成立不仅是汽车工厂的起步,也是中国工业的起步,是几代中国人工业强国梦想的焦点。Y厂的建设不仅负载着新中国推进社会主义现代化建设的历史使命,也蕴含着强国梦想的民族情感。

在选定厂址后,Y厂进入正式建设阶段,而这一时期所面临的困难主要来自建厂工期的要求,虽然技术难题在苏联的援建下得到部分缓解,但Y厂建设需要克服的不仅是技术难度,还要克服东北冬天极端天气下的土建作业。为了完成三年建厂的目标,中央调度数以万计的建设军团来到C市支援建厂,毛泽东指示:由于我们技术落后和没有经验,要在三年内建成这样一个大规模的工程,不论在施工力量的组织、施工的技术,还是国内设备的供应以及生产准备方面,都将会有很大的苦难。因此,中央认为,有必要通报全国,责成各有关部门对于Y厂建设予以最大的支持,力争三年建成。[①] 来自全国26个省市数以万计建设者来到Y厂,有从上海、北京等地来的提前毕业的大学生们,也有从延安等地来的干部。国家在《人民日报》头版头条上刊登了要建设汽车工厂的事情,报道中既没有提到确切的厂名,也没有说确切的地址,只是号召全国人民以高度的热忱和努力支持汽车厂的兴建。对于当时的建设者而言,到Y厂搞建设是光荣的。郭丽[②]的女儿郭栖栗回忆道:"很大很大的一个房间,好像是上下通铺,然后一个叔叔背着枪晚上巡逻,然后外边的狼,北风吹,狼在叫。"[③]原Y厂研究所副所长林术俊回忆说:"我们也想马上看到汽车厂,过两天就带我们去了,一去就从师范大楼到这边来了,到了一看什么也没有,空空的,一大片是空空的,汽车厂没有,我们是从头开始白手起家建设一个汽车厂,不但不感觉失望,还感到挺自豪的,我参加了第一个汽车厂建设,从

---

① 张逢时. 历史的壮举[A]. 全国政协文化文史和学习委员会编. Y厂创建发展历程[C]. 北京: 中国文史出版社, 2007.
② Y厂建厂时期厂长.
③ Y厂成立了六十年访谈(2005年).

第三章 单位纸媒的萌芽(1955—1964)

头开始参加。"三年时间似乎并不短,但在一片荒地上建起一座现代化汽车厂,这十分紧张,甚至有些苛刻。然而,在掀起社会主义建设新高潮的火热年代,人们恨不得在更短的时间内把汽车厂建设起来,无论是刚毕业的大学生,还是常年在工地上劳作的建筑工人,都毫不怀疑地坚信自己是这个国家的主人,汽车厂的建厂进度就掌握在自己的手中。原Y厂基建处材料科科长史正臣回忆说:"1953年4月,我17岁就来到长春西南郊的这片荒地成为建厂大军中的一员,一个心眼儿,建设汽车厂,发展重工业,感到光荣自豪。到市内,人一打听说你是哪儿的,说'652'的,人家都挺羡慕的,感觉'652'的不简单。"这些建设者们来到工地的第一项任务就是挖土和运土,他们在7月15日的奠基典礼前把一大片土地荒丘变成平地,史正臣说:"刚开始是将近两公里,后来坑就越填越往北去,那就将近三公里,这一圈儿。我记得当时干这个活儿,背心儿穿个衬衫上来就开始湿,一个劲儿地湿,我跑坏了三双胶鞋,当时是一天干九个小时,两个礼拜休息一次,艰苦是比较辛苦。我记得累到啥程度,早上班长叫起来,起来上班得扒拉脑袋吧,不醒,给我累到这种程度。"1953年7月15日,在建设者们用近乎原始的方法清理出的空地上,Y厂举行了奠基典礼,史正臣见证了中国汽车工业史上最重要的一个日子:"那场面挺隆重啊,因为在野外大空地搭个台子,挺高的,用汽车搭的,从外面运来毛主席题词的奠基纪念大白玉石。我那天就在前排坐着,看得清楚,中央领导人记不清了,有个叫林枫的,吉林省、长春市的领导都来了,相当隆重。"①Y厂奠基这一天,时任Y厂警卫大队大队长的曹新接到了一个重要的任务:"这个照片就是毛主席的题词,要建设'652',主席题词要建设Y厂,我就看着(看管)石碑,有个照片儿,我在那儿看着,谁也不许动主席的题词。"1952年9月,曾经作为白洋淀水上游击队战斗英雄的曹新主动要求到汽车厂工作,带着妻子和三个女儿一起来到长春,成为在汽车厂安家落户的第一个家庭。曹新回忆说:"我跑到北京找到郭力,哎呀,他说战斗英雄找

---

① 史正臣访谈(2019年9月).

工作，那是稀罕，他说你别想了，我说真的，听说你能造汽车，我就愿意造汽车，造车现场一看，很了不起，一片火笼，黑天白天干，为什么五年计划三年提前完成了，那就是大家干，那时候人们都朴实，就是超额完成任务给奖金，都不要，说要什么，我要'652'，我要建设社会主义。"

1953年7月15日是Y厂奠基的日子，刻有毛泽东亲笔题词的汉白玉石碑将坐落在C市的西南郊区。"孟家屯旧址系日寇投降前关东军盘踞的地方，那里分散地建了很多建筑物，但大多已经被破坏，屋顶荡然无存。其中有八七五大楼，两层一万多平方米。其次有白楼(建厂时期做医院)、黄楼(建厂时期做技工学校)、灰楼(建厂时期做教育训练中心)，另外还有四联(建厂时期有些单身的干部住此)。"[①]建厂工作历时三年，于1956年正式投产。"经过大量的施工，共完成建筑面积702480平方米，其中厂区382274平方米，宿舍320206平方米；安装设备7552台(套)；完成各种管道86290米，电缆47178米，宿舍区暗转各种管道43507米；建成了由13个基本车间、8个辅车间、5个动力站、9个服务车间和仓库在内的40个工程项目组成的工厂区，以及由115栋宿舍组成的生活区；总投资额6.087亿元(含代工程公司垫购货款1.389亿元)。"[②]有了中央的推进，Y厂建设举全国之力，民族汽车工业就此起航。

(三)可见的共同体——单位纸媒

新中国成立初期，百废待兴，从经济基础到上层建筑都急需重建。伴随着"一五"计划的推进，我国从闭锁落后的农业社会向工业社会迈进，Y厂作为"一五"计划期间重点项目之一，通过"共和国长子"之称的棱镜足以看出Y厂对于新中国的意义所在，而值得关注的是Y厂集团报的前身《简报》自建厂之日创刊，从第一炉铁水开始记录。自1955年Y厂正式投产以来，Y厂纸媒与Y厂休戚与共，见证了Y厂风云动荡的历程。Y厂纸媒的前身为《简报》，1955年7月1日，改为《汽车工人》，并正式创刊，期间几

[①] 张树海.Y厂建厂准备工作概略[A].全国政协文化文史和学习委员会编.Y厂创建发展历程[C].北京：中国文史出版社，2007.

[②] 冯云翔.史料整理：繁重而坚决的土建安装工程[A].全国政协文化文史和学习委员会编.Y厂创建发展历程[C].北京：中国文史出版社，2007.

第三章 单位纸媒的萌芽(1955—1964)

经易名,先后为《简报》《汽车工人》《战报》《Y厂战报》《汽车工人报》,1993年,改为《DY汽车厂集团报》,截止到2021年6月22日,已发刊8467期。改版前的《DY汽车厂集团报》应历史需求并没有完全固定的版本,经历了从黑白版面、标题套红到彩色版面三种印刷样式。改版后的出版时间为每星期二、星期五,星期二四版分别为"要闻"、"前沿"、"专版"("访谈")、"党建文化"("民生"),星期五八版分别为"要闻"、"前沿"、"发现"、"民生"、"赏车"、"车界"("品牌市场")、"故事汇"、"视觉",每期版本根据需求不做固定。从Y厂纸媒板块的变迁中不难发现,纸媒既要服务国家的政权管理,也要服务于单位组织,更要服务于单位人。作为单位与单位人间的桥梁,单位纸媒必须应时代需求而随时调整。这些发生在单位人身边的大事小情被印刷成一张张报纸传到各个车间、单位人家中,在早期传媒体系尚未完善时期,Y厂组织工人集体看报纸的习惯沿用了很久,这也让"可见的共同体"——单位纸媒有了更广更深刻的影响力。

单位作为共同体的存在,在空间意义上的讨论引人深思,在一定空间范围内形成单位组织,但人们对于空间的感知往往是模糊的,单位共同体在被爱戴和拥护前必须完成可视化的转变。与资本主义社会的单位共同体不同,中国单位社会不仅带有生产功能,也涵盖了对单位人的生活功能,双重功能的高度重合使空间内的共同体感知更加深刻。而单位纸媒作为可视化的存在,不仅是记录、宣传和动员组织发展的工具,也成为单位及成员互动"可见的共同体"。单位纸媒作为日常生活中的显现,如何将个人的琐碎生活与国家这样的宏大叙事连接起来呢?安德森指出:"提供了一种最根本的联结——即同质的、空洞的时间随着时钟滴答作响地稳定前进。""这种时间感知的同时性,正是那些互不相识、无法相遇甚至从不曾听说过对方的人们,生成共同体质感的重要经验,被印刷品所联结的'读者同胞们',在其世俗、特殊和'可见之不可见'当中,形成了民族的想象的共同体胚胎。"[1]早在Y厂纸媒成立之前,对于Y厂的报道就从建厂开始被广

---

[1] [美]安德森. 想象的共同体[M]. 吴睿人, 译. 上海:上海人民出版社, 2001.

泛关注，三年建成汽车厂是当时整个中国都关注的一件大事。从1953年7月开始各地的媒体就派遣记者常驻Y厂建设工地进行跟踪报道。1953年，22岁的戈沙刚刚成为《吉林日报》的一名记者，跟踪报道Y厂建设成为他那段时期最重要的工作，刚从中央美术学院毕业不久的戈沙用画笔记录了当时火热的建设场面。戈沙在Y厂建厂六十周年的记者采访中，边为记者介绍他在Y厂建设跟踪报道时期绘制的图画边回忆说："这个是施工的场面，这是1954年那时候，拖拉机，推土机，吊车，在逐渐地建厂房。这车是一辆跟着一辆，装完了土就拉走，这边推土机再推，这是建设厂房的过程当中，这是我在现场坐在土堆上就开始画，这是在夜间，因为它昼夜不停啊，那打着灯光就干着，这车是一辆跟着一辆，这是掘土，这后边建厂房，有的已经有点规模了，这幅画我是在脚手架上画的，当时工人不分昼夜，真是这样的。你看时间就知道，那是不管白天晚上，不管风雨，就是这个确实感人。"与戈沙一样，来自《吉林日报》的记者徐书香刚刚参加工作，是长春广播电台最年轻的实习编剧。作为Y厂建设的跟踪报道记者，她肩负着采访任务而进驻到Y厂建设工地，她也对当时的建设场面历历在目："我那时候只有21岁，反正说实在的当时什么都不懂，到工地里和工人一起摸爬滚打，锻炼了自己。当时我从Y厂挖第一锹土奠基开始，一直到红旗、解放、东风三种车出厂，之后我才一点儿一点儿地离开了车间。"徐书香的记者生涯开始于1953年建厂大幕拉开时，而后便长期参与Y厂的报道工作，成为那个年代的蹲点记者，不仅对Y厂筹建时期的印象深刻，在后期的跟踪报道中很多小事儿也仍然记忆犹新。徐书香回忆对于典型的报道时说："当时的瓦灰模范小组刘景山白天研究累了，晚上回家还研究，在屋里怕影响家人睡觉，他坐到锅台上研究，有一次真困懵了，一下让蜡烛把眉毛和头发都烧焦了。我们还去他家看他，这个就是工人那种干劲儿，也确实真了不起，他当年那个时候都40多岁将近50岁的人了。"伴随着Y厂筹建工作的完成，属于自己的报纸业开始发挥越来越重要的作用，成为记录Y厂各个历史节点的重要官方发声。1956年7月19日《汽车工人》报道了Y厂在建厂三周年之际，生产出了解放牌汽车，就在7月19

第三章 单位纸媒的萌芽(1955—1964)

日当天,解放牌汽车出现在天安门广场上,一时间 Y 厂上下沸腾了,开到天安门广场的解放牌汽车在报纸的传播中成为每一位 Y 厂人的骄傲。就是这份报纸将 Y 厂人链接成为一个共同体——生产中国第一辆解放牌汽车的共同体。记载在《汽车工人》上标题为"敬爱的毛主席坐了我们制造的小汽车"的报道这样写道:"毛泽东主席今天下午观看了国产的第一辆东风牌小轿车,并同林柏渠同志一起乘着这辆汽车在怀仁堂后花园缓缓行驶了两周。毛主席下了汽车对聚集在周围的中共八大第二次会议代表们笑着说:'坐了我们自己制造的小轿车了!'。"[①]这篇报道的发生地虽远在北京,但通过纸媒传递到 Y 厂的喜悦并未减弱,Y 厂职工通过报纸不仅建立了厂内的共同体映象,也建立了与中央领导人的共同体映象,这份报道跨越了空间和时间界限,成为阅读者们可见的共同体胚胎。

二、单位纸媒的呈现样态

(一)重要事项的公布

报纸作为传媒工具,就国家层面而言的首要任务就是对于国家政策、地方规范和单位制度的公开和公示。而单位纸媒是以国家党政和单位内部要闻为题材,不以营利为目的,为单位职工提供阅读的内部刊物。主要的报道内容是单位的重要事项,主要包括中央或地方领导人的指导、指示和单位技术难关的攻克、成果的取得。另外,单位人作为报纸的阅读者,不得不成为单位纸媒必须考量的受众需求,如何成为符合国家要求、满足单位需要又受到单位人喜爱的报纸,成为单位纸媒的宗旨。1956 年 7 月 13 日第 187 期《汽车工人》报道了解放牌汽车的诞生,也是《汽车工人》首次套红,这篇报道不仅意味着新中国有了第一辆属于自己的汽车,也意味着 Y 厂人成为民族汽车工业的奠基者。1956 年 10 月 15 日第 199 期《汽车工人》报道了"DY 汽车制造厂开业典礼",报道内容包括第一机械工业部部长黄敬的讲话和 DY 汽车制造厂厂长饶斌的讲话,宣布 Y 厂全面开工生产,这

[①] 《汽车工人》第 478 期(本期 4 版),1958 年 5 月 21 日.

一报道宣布了新中国汽车工业的序幕正式拉开，激荡着每一位单位人的热忱之心。1958年3月4日第410期《汽车工人》报道了1958年2月13日毛主席来到汽车工人中间，给汽车工人以巨大的鼓舞，国家领袖、新中国的开国元勋、心中的偶像来到车界慰问工人大大地激发了Y厂工人"比先进，促深入"的决心。1958年5月23日第478期《汽车工人》报道了"敬爱的毛主席坐了我们制造的小汽车"。1958年8月1日第537期《汽车工人》报道了"国产第一辆红旗牌高级轿车诞生"。这些报道的呈现并不是通过对个体的访谈、调研中创作的，而是从国家、单位角度而言，自上而下的宣传和报道，其目的是通过对国家领袖、单位领导的报道构建个人与单位和国家的联系，增强单位人的组织依赖性和国家认同感。同时，对于Y厂工作进度的报道，也形成了单位共同体的关系网络，不管是不是成果的直接关联人物，单位共同体的建立使每一个单位人都能感受到单位发展所带来的震撼。

（二）典型模范的塑造

典型报道作为传达单位意图、塑造单位所期待的单位人形象的直接方式，能够更好地实现单位与普通单位人的链接，切实生活在某个班组里的身边人，因为成为典型而获得某种优待，或者获得资源再分配的机会，使典型的力量影响单位人于无形之中。为了在资源分配中占据更多的主动权，向典型学习成为普通工人实现阶级跃进最直接的方式。因此，单位纸媒对于典型的塑造贯穿于Y厂集团报始终，成为Y厂集团报从未缺席的重要板块。当年Y厂建设工地上装卸是最累的工作之一，搬运工人们经常搬运几十吨，甚至上百吨重的大家伙，"铁老沈"对当年Y厂的装卸工人来说是一个响当当的名字，这是工友们给沈维全起的别名。"有时候忙的时候，到忙季车来的时候，这一天24小时，你这一天一宿都没有时间休息，就接着干，连着干，连轴转了就，黑天白天不停地干，干到啥程度呢？下班迈步回家走路都不愿意走，浑身筋疲力尽。最难的就是车身分厂，常用的压床设备都重，一般都是几十吨，有的最大的上百吨重，3500吨大压床，组合的设备，有的件儿就一百多吨，其中有一件148吨。我们早日建成汽车厂,我们早日生产汽车,在这脑袋里的概念是非常清楚的,就是1953年建成,1956年开始生产。装卸工人脑袋里头装个啥呢?就是在进厂当中,我们是装卸建筑材料,但是我们把这个工作做好了之后能够按时完成进厂任务。装卸工作虽然是重体力劳动,但是也需要经验和技巧,装卸精密机床的时候我们十分谨慎,生怕出现问题。那相当紧张啊,你这钢丝绳不能折,当时我们也没有什么计算技术,都是凭经验,80吨的设备用什么样的滑子,用什么样的绳子这都是凭经验。另外干时间长了,从1953年开始一建厂,设备就稀稀落落地往里进,我们对装卸这个都有经验。"Y厂建设时期的搬运工人沈维全回忆道。农家出生的沈维全从来没见过这么多的大机器,但他清楚装卸工作的进度直接影响到安装进度,而安装进度又会影响到投产进度。"为国家好,干点儿,自己苦点儿累点儿不算什么。"这是当时沈维全和工友们最朴素的信念,像沈维全一样的为Y厂建设默默付出的基层建筑者们成为Y厂成立前大家心中的模范和英雄。1956年3月24日第142期《汽车工人》上刊登了标题为"学习胡年荣首创精神,向先进生产者学习"的报道,用整版篇幅报道了先进生产者们的事迹,称他们的汗水是"滚滚车流的源头",胡年荣是千千万万典型的代表,发挥着与其他典型相同的作用。

积极响应革命集体主义精神号召的单位人和发扬帮扶精神的苏联专家成为士气鼓舞的可见典型。海外学成归来的人才、大学生和来自全国各地的援建志愿军,代表着中国知识分子的书生本色、家国情怀和战士品格,与苏联专家无私奉献的精神一道,在重大的历史节点上,成为实践民族汽车工业梦想的先行标兵。Y厂筹建时期,中央从全国选调人才到长春进行援建,志愿兵成为建厂大军的主干力量。新厂建成后,以造中国车为目标的Y厂要求工人不仅要学实操也要懂理论,白天到工厂干活,早晚到夜大学习技术、补习文化,"左手工具包,右手书包"是当时厂里人最流行的搭配。具备吃苦耐劳、勤学苦干品质的人们为Y厂基础建设、技术攻关做出了巨大贡献。以胡年荣为代表的普通工人成为这一时期的Y厂典型,不仅成为Y厂的工作骨干,也是全厂的学习榜样。[①]而Y厂对于苏联技术专家则是带有"神化"倾向的崇拜,从筹备建厂到投入生产,从资本到技术都离不开苏联的援助,作为"回礼",全厂上下将列邦诺夫等技术专家作为学习的绝对榜样。[②]通常情况下我们认为,对于典型的塑造一定是符合"真善美"条件的,Y厂对于国人典型的塑造并不例外,但是对于苏联专家的典型树立却放宽了条件,之所以被树立为典型是因为他们被称为"苏联专家",与个人品质并无关联。刘少奇在带领苏联专家回到国内时曾说过"有理扁担三,无理三扁担",要求工人们和苏联专家搞好关系,出现矛盾时扁担要打在自己身上,没有矛盾也要时刻反省自己。苏联专家在建厂初期成为无条件的"报恩式"典型,而伴随中苏关系的交恶,苏联专家这一榜样群体于20世纪50年代末期从Y厂消失。

三、单位纸媒的功能初创

(一)新中国对单位人的党性呼唤

新中国想摆脱贫困的农业国家的状态,希望通过在城市发展重工业来实现强国梦想。在此背景下,充分调动生产者的积极性,发挥动员力量成为实现毛泽东主席选择走工业强国之路的必要保障。如何以最快速度做出官方发声,实现动员目的,领导者将目光投向单位内部的传媒工具——单位纸媒。从内部出发的单位纸媒更强调单位与单位人以及单位人之间的链接,这种链接是组织生产、巩固政权、实现资源分配的根本。将集合生产功能和生活功能的单位社会作为建设新中国工业道路的原子,是历史条件下的正确选择。单位纸媒作为记载单位人生命、呈现生活现象的传媒工具,是单位人看得见、摸得着的载体。这一载体在传达国家方针政策、单位制度上则具有更好的权威性和实效性,能够更好地完成国家对单位人的动员。而理想型的单位社会在生产组织、生活组织、管理组织上都能够帮

---

① 胡年荣:历任Y厂机修车间车工、班长、工艺员、调度技术组组长、车间主任,1995年被长春市政府授予劳动模范称号,1956年被吉林省政府授予劳动模范称号、全国先进生产者称号.

② 列邦诺夫:苏联技术专家.

第三章　单位纸媒的萌芽(1955—1964)

助国家更好地建立起与单位人的链接,单位纸媒作为传媒工具则在为实现国家对于单位以上三方面的服务做出了努力。

单位纸媒不仅能够实现共产党价值体系的逻辑实践,也是党和国家既往所形成的具有创造性的工具。在新中国成立初期,国家和最高领导集体对于个人和国家的依赖关系并无把握,虽在过去的战争中,中国共产党获得的威望空前高涨,但对于快速发展工业化的新中国而言,对于单位人的党性呼唤仍是执政党的需求。单位纸媒是存在于单位中的组织,它兼具传媒性和单位性,具备了单位社会的种种要素。从组织性质出发,Y厂纸媒自建厂以来发展至今,贯穿了Y厂发展的各个历史阶段,而对于Y厂的报道则是"有条件要报道,没条件创造条件也要报道",这体现了韦伯关于官僚组织的特征定义。单位纸媒组织依附于单位,并在具体细则上另做规定,但始终无法摆脱单位组织架构,不论是纸媒组织的人员制度还是福利制度等都要以单位为依据;对组织文化而言,单位纸媒是服务单位和单位人的传媒工具,其报道形式、内容必须符合单位及单位人的需求,Y厂纸媒创刊之初的报道内容主要分为政策宣传和事项公示,其主要功能则体现为国家对于个体在方针政策上的宣传和单位重要事项的公开。

(二)建厂初期对单位人的气势鼓舞

单位纸媒对于典型报道的主要意图是通过典型的塑造宣传单位所期待的理想职工状态。胡年荣为代表的劳动模范,是Y厂首批模范,在胡年荣的带动下,全厂掀起了一场"改革创新,学习劳模"的高潮。在先进生产者运动和劳动竞赛中,各级领导深入群众,深入生产,引导群众更紧密地联系生产任务,将广大职工的智慧有效地集中起来解决生产的关键性问题。工人都抄写课题,纷纷议论,情绪很高,在技术革新典范树立的同时,胡年荣也被树立为学习的榜样。在热火朝天的学习高潮中,厂团委为更好地发挥典型在建厂中的带头作用、骨干作用和桥梁作用,1956年3月17日召开全厂社会主义建设积极分子大会。这次大会的重要任务是把全厂人组织起来,帮助大家明确努力方向,明确为生产汽车而立功。明确做一个先进生产者和积极分子的途径是什么:第一要做到冲锋在前,典型应成为克服困难的勇士、完成任务的先锋；第二要创造性地劳动，要像胡年荣、高云飞、沈惠敏等同志那样创造性地工作；第三要刻苦求学，学习不是轻而易举的事，要学到一点东西，必须有坚强的意志和毅力，必须和惰性及各种困难做不懈的斗争；第四要培养关心集体、热爱同志、处处为人的共产主义道德品质。第五要"头上长角"，敢于和右倾思想、官僚主义及一切违反国家利益的现象进行斗争。大会还要求大力加强对组织的领导，广泛组织竞赛，使他们成为生产和工作中的突击力量。

第四章 单位纸媒的畸变 (1965—1974)

一、单位纸媒的话语体系

(一)单位纸媒的混乱与倒退

这十年是一段非常时期,Y厂的生产生活都受到了严重阻碍,劳动力管理薄弱,组织运作受阻,等等,使单位的政治、经济、文化开始呈现混乱状态。从政治角度讲,"文化大革命"期间,单位组织的规模在人口数量上不断增加,单位组织的规模不断扩充,此起彼伏的政治运动严重冲击了原有的单位组织内部的管理秩序,单位阶层被不断打破,权威领导人的地位不断被撼动。组织走向军事化管理,"红卫兵"运动的兴起使组织的运作被打破,交通阻塞,运输不畅,工厂的生产原料和产品均被积压,严重影响了单位企业的经济效益。而在极"左"思想的影响下,单位组织的内部政治运动也在不断扩张。

处于文化领域的单位纸媒难免受到影响,在这十年间几经休停刊,单位纸媒组织中的人也受到不同程度的打击。在新中国成立之初,单位纸媒组织作为单位内部的"笔头"组织,被单位人视为有文化的象征,很多在车间工作的"蓝领"工人,通过投稿、发表文章成功地进入"白领"干部队伍,实现了坐办公室的愿望,完成了组织内部阶层的跃进。而在特殊历史时期,单位纸媒组织成了"众矢之的",单位纸媒组织瓦解,单位纸媒人受到打击。单位纸媒不再是服务单位和单位人的传媒工具,而是成了国家意识形态的传播利器，单位纸媒的发展出现了混乱和倒退。

(二)特殊时期的典型实践

伴随着特殊时期的到来，典型的塑造范式发生了剧烈变革，原有的典型地位岌岌可危，甚至分崩瓦解，成了新典型们的"批斗"对象。但在小共同体社会的单位内，典型塑造的逻辑并非全部推翻重来，而是在原有基础上进行润色和增能，能力突出和品格优良不再是典型塑造的唯一标准，具备阶级斗争的政治觉悟成了新旧典型必须具备的素质。虽然进行典型报道的Y厂集团报在"文革"期间几经休停刊，从社长、主编到一线的记者甚至是送报员都受到了不同程度的打击，但仍然可以从报纸和亲历者的口述访谈中总结出那一时期典型的大概面貌。例如，有报道指出："希望这些先进集体和先进标兵，今后更加努力地学习马列主义、毛泽东思想，谦虚谨慎，戒骄戒躁，发扬成绩，克服缺点，继续努力，不断前进。在抓革命、促生产中不断创造新成绩，攀登新的高峰。"厂党委号召全厂广大职工和家属认真地向先进集体和先进标兵学习，以他们为榜样，"认真学习无产阶级专政理论，以'阶级斗争为纲'，坚持党的基本路线，坚持政治挂帅、思想领先的原则，坚定地走学理论、抓路线、促大干的路子，进一步掀起'工业学大庆'的热潮，全面贯彻落实'鞍钢宪法'，多快好省地完成和超额完成各项战斗任务，把巩固无产阶级专政的任务落实到基层，为社会主义革命的建设做出更大贡献"。从这些报道中不难看出，单位为这些典型注入了强烈的政治色彩，与以往的典型有所不同，这一时期的典型身份，被赋予了更多的监管权力。Y厂倡导典型"不仅要做厂里带头干活的牛，也要做手持鞭子的人"，典型不仅要在工作上起带头作用，也要监督和鞭策全厂单位人政治立场的坚定不移。

二、资源分配与社会关系

(一)稀缺资源配置的主导性

特殊历史时期的稀缺资源重新分配在社会关系中具有绝对的主导性地位。而"文化大革命"和"左倾"错误下的阶级斗争此起彼伏，政治权威和地

第四章 单位纸媒的畸变(1965—1974)

位成为这一时期重要的稀缺资源。费孝通先生在《乡土中国》一书中写道："地缘是从商业里发展出来的社会关系。血缘是身份社会的基础，而地缘却是契约社会的基础。契约是指陌生人中所做的约定。"[①]而在特殊历史时期的稀缺资源再分配是由社会主义分配制度取代血缘与地缘结合的分配制度，这里所说的稀缺资源，不仅包括物质资源，还包括就业和得到权力、威望的机会。生产资料、就业机会、居住的权利，都直接控制在国家之手。在特殊历史时期稀缺资源则体现为获得权力和威望的机会。稀缺资源成了政治权力，而国家拥有政治权力的绝对垄断，对于政治权力的绝对垄断必然走向两个极端，一个极端是当政治权力的获得成为可以轻易得到的资源，个人对于国家的权威性则不断削弱，另一个极端则是政治权力的泛化削弱个人对于国家的依赖性。

(二)普遍主义与特殊主义关系

单位人之间的关系作为普遍主义的人际关系和道德准则，是单位共同体的理想标准。同属于一个单位的单位人则因为生产生活的链接成为"同事"，同志(同事)关系超越了地缘关系和血缘关系的价值标准，形成了特殊的道德、伦理和规范，而这种绝对平等普遍主义关系实则成了一种特殊主义关系。傅高义强调了同志式关系的如下特征：第一，平等性。如规定在党组织内部不得以官职相称，而要以同志相称，就表明了这样的一种努力是为了消除阶级差别所带来的特殊主义，是在特殊时期追求的绝对公平的共产主义，这种追求虽在表面实现了普遍性，实则隐藏了更深的特殊性，尤其是在特殊的历史时期，不分等级的批斗和斗争是在这一时期"平等性"的"极左"追求。第二，公民性。傅高义指出："同志这个词语的实质，并不仅仅是共产主义的效忠，而且也在于同志式关系的普遍主义性质。"所有的公民都是同事式的同志，大家为了共同的生产生活目标聚集在一起，从伦理上说，离不开生产与生活的单位人是不能够离开社会生存的，它表明，在这个社会中，每个人都是与其他的人相联系的。同时，每

---

① 费孝通.乡土中国[M].北京：人民出版社，2019.

个人都不应当与其中的部分人拥有特殊的关系，个体之间的关系是平等且相似的。第三，普遍性。这种普遍性是在平等性与公民性基础上的升华，追求全民统一的政治主张，使单位内部的组织呈现出"大一统"的景象，跨越等级制度的人人平等和全单位普遍，实则是为大范围推广阶级斗争扫清障碍。第四，互相帮助。这种帮助不仅仅具有帮忙的意义，而且也具有利用同志间应当具有的共同的价值观，对其他人的缺点进行批评的含义。而在"文化大革命"当中，同志的汉语意思伴随着革命的韵味，其内涵代表志同道合的人，也代表着彼此对"敌对者"的排斥，也就是说在阶级斗争中二者属于同一战队。原本"同志"一词的称谓在1949年新中国成立前是用于革命者内部的称呼，伴随着单位社会的出现和发展，同志这一称呼被广泛应用，而到了"文化大革命"时期，同志这一称谓又重回革命韵味，在此期间同事之间的"斗私批修"，"红袖箍"与"蓝领"之间的"一帮一，一对红"，就是典型的将特殊关系普遍化，又将成为普遍关系特殊化的例子。[①] 同志关系在特殊的历史时期，不再是单一的直线型描述关系，而应该成为一个结合时代特征的曲线型多元探索的关系，这既体现了同事关系的普遍性，也成为展现同事关系特殊性的典型案例。

三、社会关系与社会结构

（一）二元双重依赖关系

单位与国家的关系在特殊时期形成了特殊的社会关系与结构，这种特殊的依赖关系体现在单位对于国家的依赖，也体现在单位人对于组织的依赖，"二元双重"用来形容三者之间多元的依赖关系最为合适不过。三者之间的依赖关系体现在所依附的内容、主体、方式和结构上。从依赖内容出发，单位人对于单位的依赖不仅来自生产上的依赖，也来自生活上的依赖；从依赖主体出发，单位人对于单位的完全性依赖，单位对于国家完全性依赖，对于个人而言，在"文化大革命"期间，个人从加入单位到去世只

---

① 孙立平."关系"社会关系与社会结构[J]. 社会学研究，1996(5).

第四章 单位纸媒的畸变(1965—1974)

有极少数人会离开单位,他的生产生活都完全依赖于单位,这也实现了单位对个人的完全控制,进而实现国家对于单位人的控制。Y厂报纸在1976年1月27日第752期以"想革命的大业,过革命化春节"为标题的文章,真实生动地展示了单位人与单位在特殊的历史时期,时刻不可分割的密切关系。

对于单位而言,国家在生产、调度过程中作为上级单位,对于下级单位有绝对的指导和分配权力,而单位组织则在上级的庇护下形成了"父爱主义"的温情庇护,这对单位发展和市场转向埋下了隐患。这种二元双重的依赖关系意味着"国家—单位—个人"的纵向控制手段相当稳定和牢靠,国家对社会和个人有着超强的管制力,而个人和单位对于国家也具有超强的依赖性。也正因为此,在"文化大革命"时期,国家对于单位人的控制只需通过单位纸媒即可以实现"非制度化"的权力执行,通过单位纸媒的传播和影响,完全可以满足当时政党对于"泛政治化"的意识把控的需求。在人心惶惶的特殊时期,单位人对于单位纸媒的追随在某种意义上成了单位人实现个人追求和拉近个体与国家之间的关系的行动选择。

(二)"父爱主义"温情下的社会结构

父爱主义,顾名思义,是指像父亲般的严厉与呵护,它既体现为父亲的威严、威信和不可动摇的地位,也体现了父亲对于孩子深沉的爱,这一形象比喻适用于社会主义经济中的国家与单位、单位与个人。匈牙利著名经济学家雅诺什·科尔奈在《短缺经济学》一书中对"父爱主义"进行了解读,在雅诺什·科尔奈看来,父爱主义是国家对于企业、非营利机构和家庭这种微观组织的温情呵护。这种温情的"父爱"表现为实物给予——被动接受、实物给予——主动表达愿望、货币津贴、自立——自助、自立——无助五个方面,并在具体生产活动中体现为"国家通过一系列指令性计划安排企业的经营活动,企业所需要的生产资料由国家无偿拨给,其产品由国家统购包销,由此产生了企业对国家的依赖"[1]。单位制度中的"父爱主

---

[1] [匈]雅诺什·科尔奈. 短缺经济学(下卷)[M]. 张晓光译. 北京:经济科学出版社,1986.

义"不仅体现在国家与单位之间，也体现在单位与单位人之间，单位人依附于组织生产生活，而单位组织对于单位人的教育、医疗、住房等方面的温情呵护，使单位人产生了对单位强有力的依赖。1963年1月20日《汽车工人》第447期标题为"零件厂安置'两劳'人员回厂就业"的报道，深刻展现了单位对单位人的"父爱式关怀"。"新年一过，零件厂根据党给出的政策，为减轻社会负担，减少重复犯罪，同两名刑满释放解除劳教的大集体工人签订了为期一年的回厂就业使用合同，合同中规定'如在一年之内努力学习政治和业务，遵纪守法，接受帮助教育，在生产劳动中表现较好，彻底痛改前非，按有关规定给予转为正式知青工人，享受同等待遇，如要表现不好，重新犯罪，可延长合同考验期或废除合同，不予接受安置。'"这两名工人签订合同后表示："今后要时时处处接受领导和师傅们的帮助教育，用劳动的汗水，冲洗自己的污点，做一个浪子回头金不换的好青年。"1958年3月4日第312期的报纸中标题为"服务上门，送去热情和光明，房产处电修队展开为民服务活动"报道中记录道："二月中旬的一天下午，汽车研究所工程大门口响起了一阵阵锣鼓声和广播喇叭声，一块儿黑板上写着六个醒目的大字'保供电、送光明'，原来这是房产处电修队到那里预约维修，登记购票。为了保证城区居民安全供电，电修队开展了'保供电、送光明'的服务维修活动。他们组织全队职工对所管辖的供电外网和室内照明线路进行了比较全面的检修，并对近百台的供电变压器进行了小修，对存在隐患的变压器进行了更换，调整了不合格的线路，更换柱上开关三处，各种刀闸开关五十多处，从而大大提高了设备完好率和可靠性，使供电设备处于良好的运行状态。他们还开展了多种形式的为民服务活动，除到工厂门口登记购票，还到宿舍上门服务，到高工楼为离退休干部和知识分子服务，为住户排忧解难，受到群众欢迎。"电力维修队作为Y厂的保障队伍，对于单位人的关怀反观单位于国家、单位人于单位。单位获得国家给予的温情呵护、单位人获得单位给予的温情呵护的前提是，单位必须服从国家安排，在国家有需要时，其资源调度、计划安排等必须听从国家的统一调度，而单位人则需要以组织利益为先，拥护单位利益，维护单位团建。单位制度下"父爱主义"制度也同样源于组织的自我合法性建构和合理性构筑,国家和各级单位组织将自身视为能够充分保障单位代表(单位人)利益的主体,必须承担起家长的"看护"责任。

第五章 单位纸媒的变革
(1975—1992)

一、单位纸媒的话语体系

(一)纸媒变革的语境权力

结束特殊时期的中国逐渐重回正轨，重视生产、加快生产成为Y厂这一时期的主要任务，单位纸媒也重新走上"舞台"，开始实践单位纸媒作为官方发声的话语权力。任何话语场域都是重要的社会化场所，场域中话语权的拥有与改变虽然是各种因素的复杂聚合，但权力占据者却具有明显的优势支配权。作为单位的官方纸媒，厂报具备显著的话语权，在单位场域内发挥作用，不仅能直接记录单位现状，也能折射出单位现实。

1. 单位纸媒话语的初探

Y厂报纸在1978年2月18日的二、三版刊登了一组标兵的照片和事迹，对"赶先进，大干快上"的先进标兵进行通报表彰，报道中记载了时任Y厂厂长刘守华在表彰会议上的讲话："我们重回正轨，为的是什么？为的是把咱们厂发展起来，把中国的汽车工业发展起来，那靠什么发展？怎么发展？靠的是你们，靠你们搞创新，搞技术，搞生产。你们是希望，所以在这表彰你们还不够，要拿出实际，各班组量身定做，为这些标兵搞些实际的东西。"报纸中披露出的这段讲话揭示了Y厂在这一时期的核心宗旨，单位管理者通过会议行使话语权力，而权力的影响面因为报纸得到扩大。1979年1月21日Y厂厂报刊登了对时任Y厂副厂长李刚的访谈：

第五章 单位纸媒的变革(1975—1992)

"当时我认为，Y厂的问题不只是产品的落后，企业的组织、管理、工艺这一套东西，还是抱着苏联过去的那一套。许多世界先进的东西，我们不但不能接触，而且很没见识。我一心想让Y厂从技术上翻身。1977年，有了一个机会。当时日本的11家汽车公司组成代表团访问中国，国家汽车局副局长胡亮让我全程陪同。11家汽车公司来的都是社长、副社长，非常有经验，带头的是三菱汽车的社长久保富夫。我带他们参观了北京，参观了Y厂，参观了上海轿车，游览了西湖，基本对中国汽车工业概貌有了一个了解。他们看了以后，很直率地说：'你们的管理实在太松散了，产量也实在太低。零件和半成品在车间像撮土豆一样丢来丢去，这怎么行呢？你们的产品，应该说从零件到成品都不合格。'我当时就想，不行，就这么和他们接触一次不行，我得去现场看。光我一个人去看不行，我们得有一帮人去看，要把他们的好东西全套挖出来，让整个Y厂学习学习。后来我把这个意思对久保富夫提出来了，我说我们得去看看。久保富夫是二战中零式战斗机的设计师，对中国人有一种内疚感，所以他千方百计促成这件事情。他想了很多办法，解决关于实习费用的问题、中国人的安全问题等。Y厂当时的厂长刘守华也很支持，于是我找到机械部的副部长孙友渔。孙友渔表示：'好，我赞成，不去则已，一去就要成套去。'我说不能一个厂去一个人，最好就是Y厂全包。孙友渔说：'你这个意见对，以前去的都是这个厂一个人，那个厂一个人，最后经验都散了。'这样，我在1978年去了两趟日本，二三月份先去踩点，五六月份带着人去。刘守华是团长，我和总机械师王达勋是副团长，搞产品设计的，搞设备的，搞工艺的，搞质量检查的，搞财会的，搞动力的，共20多人，都是Y厂的精英，去之前突击学习日语。到日本后去了一共11个汽车厂，每个厂大概呆一两个礼拜。我详详细细带着队伍看了半年。回国以后，把在日本学到的经验在全厂推广，无论是节约资金、节约人力方面，还是工厂管理、质量提高方面，成绩都非常显著。全面质量管理TQC这套东西也开始在工厂推行。然后二汽派人来学，重型派人来学，上海派人来学，南京派人来学，在全国全行业普遍推广。"①厂报用整版篇幅报道副厂长的访谈，实则是厂领导话语权力的公开和宣传，通过公布自己到日本学习的全过程，向全厂职工传达企业在换型改造期间对于学习和创新的追求。

伴随着换型改造的推进，厂报内容趋向于报道企业转型取得的阶段性战果。1980年7月，Y厂召开了第六次党代会，8月初，厂报对会上做出的决定进行报道："增产增收，自筹资金，换型改造。"但是在当时计划经济的大背景下，要想换型改造不仅要自身坚定换型的决心，也要得到上级及相关部门的支持，原Y厂厂长李刚说道："1980年的十月份呢，我就带着设计师、工艺师、搞规划的，一帮人，十几个人到北京，花了七七四十九天，待在北京，七七四十九店挨着个儿，挨着部门去拜，就是到有关部门挨家去'磕头作揖'，求得他们的支持，能够批准Y厂用自己的资金，节约下来的这些钱吧，就是像折旧费、大修这些钱我们不上交，我们都拿回来用这些东西，用自己积累的这些钱来自己换新，你说我们当时是苦到什么程度！"②这一次Y厂对于换型改造的努力并没有打动上级部门，但是Y厂厂长李刚并没有放弃，他带着Y厂所有人的希望再一次来到北京，并且做了更充分的准备说服上级部门同意他的请求。李刚回忆道："最后在12月的23号吧，见副总理，这是最关键的问题，我就把投影仪拉上以后，给他拉洋片儿，说我工厂怎么改造，改造什么内容，我产品是什么水平的产品。我一片一片地拉洋片给他汇报，他支持，他同意了。"1981年5月6日Y厂厂报标题为"换型改造得到中央大力支持"的报道，宣布了换型改造获得中央支持的阶段性胜利。单位纸媒对于换型的阶段性公布，是单位增加单位人共同体意识的手段，在此过程中，纸媒发挥了在单位场域内权威语境中的作用。

2. 单位纸媒话语权的实践载体

Y厂换型改造历程的直观映射当属CA141的发展历程。1983年Y厂换型改造已经进入实施阶段，设备搬迁打响了换型第一枪。1983年1月

---

① Y厂报纸1979年1月21日第233期第二版。
② Y厂建厂六十周年纪录片(2005)。

21日Y厂厂报出版了换型改造专刊第1期,为换型改造呐喊助威,其报道的内容主要是部分单位的战果、计划。1983年Y厂建厂三十周年大庆,Y厂的老厂长饶斌郑重宣布换型工作经过三年准备要正式进入实施阶段,Y厂报纸中记载了饶斌的讲话:"我们要用当年创建Y厂的开拓精神坚决完成换型改造任务,力争三年上线出车。"此后,一场空前规模的换型改造战役在Y厂全面展开。1984年2月26日Y厂厂报报道了:"我们要突破百万大关,力争年产100万辆CA141。"而宣布这一决心后,Y厂在卡车换型工作中遇到了重重困难,在下发了对于CA141型五吨载重汽车和解放顶置气门汽油发动机设计任务书的通知后,方案设计与实际操作产生了剧烈矛盾,解放CA141换型改造总设计师田其铸认为总工厂的设计过于保守:"设计任务书规定的设计原则本身就有很多矛盾的地方,要继承很多老产品的东西,甚至于车架总体位置都不变,很多部件都不要变,轴距、轮距都不变。车架又要弄老的车架,这个就把我们限制得非常死,所以觉得你要继承老产品,继承到这种程度的话,还要赶上甚至超过二汽的水平,那这个是太难了。"田其铸一边组织设计人员按照原定计划进行方案设计,一边着手设计更合适的换型方案。"我一再考虑越做工作越觉得有问题,所以后来提了十条建议。关于CA141设计方案的建议一共十条,大家都简称'十大建议',十大建议,主要内容有这么几条。第一个就是根据当时的发展趋势,卡车完全用汽油机没有前途,还有一些建议就是关于继承老解放,像轴距、轮距不变,车价不变,这是不可能的。"田其铸的这些建议得到了技术委员会的一致赞同。新型解放卡车CA141的起点是瞄准20世纪70年代末80年代初的国际水平,新车型采用了许多新结构、新材料和新工艺。为了考验解放CA141的可能性,Y厂先后将样车发往内蒙古、新疆、云南、海南、甘肃等省市进行试验,同时还将两辆解放CA141发往日本,委托日本汽车公司进行试验评价,一共大概四百四十项试验。"人家全面做个实验室,1000多项。我们选了400多项,主要都是性能方面的,做了几个月、半年的试验,最后的评价他们对我们这车,有一些项目我们不如他,有一些项目我们比他好。解放车,这个可以跑到一百二三十，一百四。所以这个车速提高了，另外载的货还是五吨，就是车的重量轻了。老解放的三个大问题就是又是闷热，又是转向沉重，又是水箱容易开锅。这些东西在 CA141 全都解决了。"田其铸说道。[①] 最终，专家们一致认为解放 CA141 的产品性能达到了当时的国际先进水平。1986 年 9 月 3 日 Y 厂厂报报道了"Y 厂于 9 月 1 日举行新厂区一期工程开工典礼"的内容。1986 年 9 月 30 日，Y 厂报纸报道了"最后一辆老解放下线"，宣告了新解放正式投入生产，开始面向市场。这一天，新型解放卡车 CA141 将正式投产，这意味着经过六年艰难的换型改造，Y 厂即将摘掉老解放 30 年一贯制的帽子，这次蜕变对 Y 厂的发展意义重大。为了得到全国人民和决策层的认可，Y 厂决定把新车送到北京去报捷，厂报对前往北京报捷的傅金岭进行了访谈，标题为"进京一行"。访谈中傅金岭回忆说："当时我被选中了，到北京汇报，向 22 个部委汇报，就我带队，风尘仆仆啊，日夜兼程，坐着卡车。坐卡车，我也坐卡车，三个司机，两个工作人员。坐着卡车就是进京，到了一机部和装备部大院里头。到装备部大院里头了，三台车放那儿了，我们进行汇报。这一机部和兵器部这几个干部就下来了，哎呀，出去看车呀！看那车，这日野，日野车，你看多漂亮，一边走一边喊。我在那儿喊，那不是，不是外国车，那是新东风。我们在那儿听着。最后走到半路一看，啊！Y 厂，Y 厂也换型了。很惊讶，这就这么议论他呢，那对我们 Y 厂啊真是。最后反正回过头来，对 Y 厂的认识就这么翻过来了……Y 厂生产三个车，卡车进中南海，两台轿车进中南海。这是了不起的事儿，为什么中南海能接纳我们 Y 厂的车？第一，我们宣传到位，是不是？第二，我们车做得也不错，你东风当初出车那么早，那也没进中南海，我车进中南海了，因此当初我们的车是名声大噪。"Y 厂报纸中以这样的标题进行了报道："中南海喜迎车城第二代，赵紫阳总理满面笑容评审 CA141 新车""中央领导连连称赞：你们换型转产量，好啊！""车的样子很好！""你们的新车，好啊！"。中央领导对 CA141 的评价以及其开进中南

[①] Y 厂厂史。

第五章　单位纸媒的变革(1975—1992)

海,在当时中国人来看就是对这款新车最大的肯定。解放卡车 CA141 进京报捷,让全国对 Y 厂多年来车型老旧的观念有了改变。进京汇报的消息也通过报纸在当天被传回 Y 厂,全厂的职工都沸腾了,虽然他们没有到达汇报现场,但是报纸中 CA141 行驶在北京街头的照片鼓舞振奋着每一位 Y 厂人。单位纸媒中对于领导人的讲话进行描述,实则蕴涵着一种权力关系,也通过报道传播着权力影响。

同样展现 Y 厂换型改造历程的还有红旗轿车的发展历程。1978 年 Y 厂集团报用整幅版面讲了红旗轿车的换型故事:"突然,一通从北京打来的电话打断了厂长耿绍杰所有的工作计划,电话的另一端时任机械工业部副部长何光远叮嘱耿绍杰一定要亲自参加五月下旬在湖北十堰召开的中国汽车工业发展战略讨论会,因为这次会议对于 Y 厂能否重上轿车至关重要。很快耿绍杰就带着副厂长范恒光、总工程师李岗为等一行十几人踏上了南下的列车,奔往湖北十堰。夜色中,飞驰的火车日夜兼程。车厢内,疲惫的耿绍杰毫无睡意,思绪复杂。作为 Y 厂的第六任厂长,他心中有两个梦想,一个是解放卡车的换型,另一个就是轿车事业的发展。如今,解放换型成功在即,而关于轿车梦想却由于诸多原因而搁浅了,但是他也在为轿车做着准备。他巧妙地把轿车发展藏在轻型车的规划里,并很快得到上级的批准。后来,耿绍杰借着上轻型车的机会,征用了一大片土地,这就是后来 Y 厂大众的厂区。当时很多人认为 Y 厂因为解放换型,消耗巨大,短时间内无法发展轿车事业,但耿绍杰却在南下的火车中,一点点靠近心中那个埋藏许久的轿车梦。解放车的换型不仅是车型的转换,更是当时中国经济转轨、社会转型的真实见证和深刻诠释,也是 Y 厂人在新旧交替时刻又一次人性与观念的解放。"对于这篇报道的记忆,一位 Y 厂老职工仍然记忆犹新:"那时候全厂子的人都是干劲十足,只要报纸上刊登了关于红旗车的消息大家都会非常紧张,一旦说又取得哪些突破了,基本上是全厂欢呼雀跃。大家那会儿天天等着新一期报纸出来,记得有一次,我师父身体不太舒服不得不请假在家休息,但是那天正好也是新一期报纸出刊的时间,我师父还让他姑娘特地跑到单位过来拿报纸,大家那会儿恨不得每天都会出一期新的报纸,只要看到有什么新的进展就觉得离我们的目标又近了一步,报纸那会儿就成了我们的救命稻草一样。不得不说,那会儿报纸上的内容还真的都是我们想要看的内容,厂子的换型改造那可真是牵动厂子几万人的心,不只是领导、管理层每天都愁,连我们这些基层员工也是天天愁得不行,恨不得自己天天在车间捅咕,早点完成换型,那会儿真是厂荣我荣、厂败我愧的心态啊。对于厂子的那种荣誉感估计你们现在的年轻人也无法体会吧,报纸可能就成了缓解我们心中那种紧张又焦急情绪的唯一方法了。"

3. 纸媒话语权行使的积极作用

在全国各行各业都"创国优"的大背景下,中汽集团决定汽车行业将在1991年5月份评选"整车国家优质产品奖"。"1991年的5月15号在海南岛汽车试验场,这是属于我们的一个汽车试验场,当时Y厂二厂各派四台车去进行考核试验,每家拿出三台车来做试验,拿一台车用来备用。我们是981.23分。我怕记错了,所以总要拿着它回头再查对一下,981.23分跟400及格分的差距差了多少,差了一倍还多,都接近1000分的满分了。我们是稳拿了第一。"①李松龄说起那次的创优还是记忆犹新,Y厂对于这次的试验非常重视,所以在1991年5月8日的《汽车工人》上刊登出"肩负八万职工的希望和重任,厂创国优受检车队赴海南"的信息,足以见得Y厂对于这次评比的重视。1981年8月13日,Y厂创国优队伍回到了长春,李松龄等人受到了英雄凯旋般的接待:"这个厂的领导以耿绍杰、李玉堂为首,一直到大屯去迎接我们,创国优小分队凯旋,高兴!这还不算,回头的话我们到了一号门那块儿,这可看见全厂职工都在外头啊,上午十点左右还搭了一个凯旋门,用松树枝搭的一个凯旋门,让我们过凯旋门,过了凯旋门有四个大力士把我两个胳膊两条腿,人一个一个往上悠悠啊。"1992年1月21日Y厂厂报刊登了国务院副总理邹家华庆祝Y厂捷达轿车批量试生产的祝贺批语;1992年10月23日刊登了国务院总理李鹏,国务

---

① Y厂厂史.

院副总理邹家华、朱镕基对Y厂年产超过10万辆的批示。在换型改造中，Y厂充分利用国家给予的延长利润递增包干期限，扩大了产品自销权、外贸外经权和规划自主权的优势。抓住了上轻型车、上中重型卡车以及上轿车的机遇，并同步进行了大量的扩建、新建的前期工作；抓住对外开放的有利时机，坚持开放型的自主技术改造；用同时工程、网络技术的方法组织庞大的换型改造工作，完成了不亚于建设一个新厂的工程量；使老企业焕发出青春的活力，而且培育了职工奋勇拼搏、开拓进取的创业意识，闯出了一条老企业自主换型改造的路子。而Y厂报纸在此过程中进行了话语权实践，单位领导通过对纸媒的控制、选择和再分配，实现了对单位人的控制和治理。法国思想家米歇尔·福柯在《话语的秩序》一书中指出："每一个社会中，话语权力的产生要受到一些程序的控制、选择、组织及再分配，社会和政府机构就是靠掌握话语知识来掌握权力的。"[①]所以单位纸媒宣传动员的过程就是对单位话语权力的再次实践过程。

(二)典型塑造的呈现

1. 单位纸媒中"革命话语"的解放

结束特殊时期的Y厂不仅迎来了新希望，也面临着新挑战，思想文化的解放和换型改造的挑战让这一时期Y厂的典型样态百花齐放。结束特殊时期的Y厂在第一时间组织了大大小小的"彻底否定文化大革命""彻底否定大民主"的会议。"文革"期间的批斗对象得到平反，臂间"两套袖"的典型摘掉了曾经象征身份的"红袖箍"和"套袖子"，各个车间积极组织文艺汇演、体育赛事。Y厂厂报1984年5月22日也刊登了以"为振兴中华而锻炼身体，为丰富人生而高歌艳舞，为汽车换型而奋力拼搏"为标题的文章。

曾经的"革命典型"逐渐在单位纸媒中消失，解放思想亦为纸媒创造了宽松的思想舆论环境。单位纸媒亟须从"革命话语"中解放出来，此时Y厂涌现出了一批践行思想解放的时髦年轻人，成为单位的招牌式典型，代表单位终止特殊革命的决心和成绩。

---

① [法]米歇尔·福柯.权力的秩序[M].肖涛，袁伟，译.北京：中央编译出版社，2001.

2. 单位纸媒中"建设话语"的发展

这一时期的 Y 厂典型正在悄然变化，这些变化在小共同体的单位社会内有更高的可见性。在短暂的思想解放狂欢后，Y 厂迎来了换型改造的新挑战。自建厂以来就仿造生产苏联上世纪 30 年代解放牌卡车，"三十年一贯制"使解放在新形势下走向衰弱，红旗轿车停产后再度上线并不是应市场需求，而是接到了定制检阅车的任务。在全国复工复产的背景下，Y 厂的窘蹙现状迫切需要改变。Y 厂决定换型改造，这次改造被定位为"第二次创业"。Y 厂厂报记载了对于时任 Y 厂厂长李刚的访谈："我们给'公司化'做了一个统一的布局。为解决当时汽车工业'散乱差'的局面，跨地区，以骨干企业为龙头，成立六个联营公司，联营公司经理都是中汽公司董事会的董事，理顺了企业与企业之间的关系。联营公司之间要竞争又要合作。当时 Y 厂、二汽斗得实在太厉害了，在官僚体制下，Y 厂、二汽彼此封锁，我们觉得不正常。于是规划了企业之间的分工合作，同时 Y 厂、二汽之间成立了一个友谊互助振兴会，年年开会，交流经验。但是由于有人反对，实际贯彻得并不好。我们这个思想从哪儿来的？来自中汽公司的顾问——美国福特的前副总裁麦克唐纳、克莱斯勒的前副总裁万宁。还有一个是我堂哥，叫李耀滋，他是中美华人协会的会长，美国工程院的院士。他们说现在组织起来完全正确，你们应该避免美国汽车业几十年成长当中的痛苦，就是互相残杀。你们既要有一定的竞争，同时大家互相要协作。对此，我印象深刻。当时要上轿车，胡耀邦、胡启立、万里都很支持。先是胡启立 1984 年到德国去考察，回来跟胡耀邦说，我看东德玻璃钢做的小轿车挺好，卖得也很便宜，老百姓都能买得起，耗油量也很小，我们中国为什么不干轿车呢？发展轿车是从这儿引起的。十二届四中全会决议写了'支持汽车成为支柱产业'。1984 年 8 月，中央财经领导小组在北戴河召开会议，突然把还不知情的饶斌和我叫去，会上决定把我们要来的这些政策和改革成果，直接给了 Y 厂、二汽，让他们也计划单列，自立门户。站在中汽公司的立场上，我当然认为那是中汽公司的一大挫折。又挺了一年半，中汽公司从实体改成了行业联合会。后来又叫中汽总公司，实际上已

第五章 单位纸媒的变革(1975—1992)

经过了多次的蜕变,完全不是最初成立中汽的初衷了。这个'总公司'2002年最终解散了。中汽公司从1982年成立,到1986年改组为行业协会性质的中国汽车工业联合会,我觉得这是改革开放中'第一个吃螃蟹'的尝试,有繁荣,也有挫折。别人是不是这样认为我不知道,我认为是值得回忆的,是中国汽车业的一段辉煌。我任职的短短不过四年的时间,等于过去二十年。上世纪90年代,我就提出来,在引进国外车型的同时应该搞自主开发。Y厂是苏联的产品引进来两年后就搞自主开发的,我们当时的指导思想是,借鉴人家的基础为我所用,然后在这个基础上我们再自主开发,搞自主的汽车制造行业。"①

换型改造的工作难度并不亚于建厂时期,新增和需要搬迁的设备一万多台,比建厂时增加了48%,设备的搬迁、安装、调试以及新技术的运用都要独立完成,Y厂又一次意识到了典型力量的重要性。于是Y厂在各班组中选拔优秀青年组成青年突击队,以青年团干部姚景超②为代表的青年典型组成了Y厂的第一支搬迁突击队。青年突击队中不同部门的青年典型秉承着"不要奖金,不要加班费,不要餐补,不要串休"的四不要精神立下了"愚公移山、背水一战、万无一失、务求必胜"的誓言,这些典型成为换型时期的主要力量。Y厂在1978年评选出22位先进标兵,涉及人员包含一线生产人员、工程师、教师、保育人员、医生等,在企业的不同岗位树立典型,通过典型激励各个岗位的人员"赶先进,大干快上"。这群人也成为单位纸媒"建设话语"发展过程中的事实案例。

此外,在Y厂的转型过程中,涌现出一批批舍己利人、无谓生死、无私奉献的典型。例如,Y厂铸造分厂可造车间翻砂工人、中共党员、车间

---

① 李刚:1948年毕业于清华大学汽车和汽车制造专业并参军;1952—1954年,赴苏联,参加重工业部Y厂工作组;1953年回国,在Y厂发动机分厂历任工程师、技术科科长;1965年任Y厂副总工程师兼规划室主任;"文革"后,任Y厂副厂长,1981年任Y厂第四任厂长;1982年任中国汽车公司总经理,1985年任董事长,1987年离任;1982年当选中共十二大中央候补委员;1987—1997年任全国政协常委暨经济委员会副主任。

② 姚景超:1982年加入Y厂,历任Y厂发动机工人、干部、副厂长,Y厂发动机厂厂长,Y厂集团监事会办公室特派监事;2016年起兼任Y厂轿车股份有限公司监事会主席,Y厂丰田技术开发中心监事、监事会主席,Y厂第一支搬迁突击队队员。

工会兼职生活委员李放。他自1974年参加工作以来，一直工作在铸造厂最繁重的岗位上，年年月月超额优质完成任务，并且在工会工作中像雷锋一样时刻将人民的利益放在第一位，毫不利己、专门利人，直到生命的最后一刻，于是省委省政府做出了关于开展向"雷锋式好人"李放同志学习的决定。雷树森在1974、1975、1976、1977、1978、1984、1985、1986年度被评为"Y厂劳动模范"，1977、1979年度被评为"长春市劳动模范"，1975年度被评为"吉林省先进生产（工作）者"，1979年度被评为"吉林省劳动模范"。程正在1983年被评为年度"Y厂建设功臣"（建厂30周年）。崔洪松被评为"1989年度长春市劳动模范"。黄国明被评为1990、1991、1992年度"Y厂劳动模范"。姚贵升[①]在1978年、1979年被评为"Y厂劳动模范"，在1977年和1979年被评为"长春市政府劳动模范""特等劳动模范"。1978年到1979年被吉林省政府授予了"先进科技工作者""劳动模范"的称号，1978年在全国科学大会上被授予"全国先进""科技工作者"的证称号。Y厂在单位纸媒中将姚贵升的突出贡献以文字的形式告知全厂："姚贵升在1957年组成了以他为首的结构钢科研小组，与国内有关钢厂合作，试制解放牌汽车用钢。经过六年的努力，基本上实现汽车用钢的国内自给。原苏联的汽车用钢系统中，齿轮与轴类零件用钢以镍铬为主，镍铬属国内稀缺金属，无法保证供货。他带领科研小组与钢厂合作，开展带用金属的研究试验。试制出符合我国资源条件的锰绷钢，使汽车用量减少到原计划的1％，钢材用量减少了30％。原苏联设计的解放牌汽车支架均采用强度比较低的碳钢制造，经常发生横梁断裂现象，经与钢厂合作，研制出符合制造车架纵梁的钢材，每辆车节约钢材35公斤，汽车车身驾驶室采用含碳量较低和强度低的8号钢。当他得知国外正在研制在低碳冷轧钢板中加零元素增强剪薄钢板的信息后，带领科研小组与鞍钢和中科院沈阳金属研究所合作，借鉴国外经验开展了含磷冷轧钢板的研制并取得成功，每辆车降

---

① 姚贵升：1966年加入中国共产党，研究员级高级工程师。1952年毕业于檀山铁道学院，分配到中央财经委员会物资分配局。1953年调入重工业部汽车工业筹备组材料科，同年划归仪器。历任技术处冶金处技术员，金属试验室副主任、主任、工艺处副处长、处长。1986年任仪器副总工程师，国家机械工程协会材料协会理事，汽车工程协会材料分会副理事长。

低材料消耗11公斤,取得明显的经济效益和社会效益。"一批又一批平凡而伟大的人在单位纸媒的刻画下变得生动而具体。

树立符合时代特征的榜样是单位纸媒的使命和责任,而在思想解放的新形势下单位纸媒如何突破"革命话语"的禁锢,实现"建设话语"的发展,典型人物的报道成为最佳手段。典型的塑造和单位纸媒"建设话语"的发展相辅相成,单位纸媒把一个个典型人物的重要故事以"片断式"的方式写具体、写丰满,用活生生的微观镜头,消解了单位人对典型人物"概念化、脸谱化"的刻板印象,而相对特殊时期,对于典型人物的重新选择是单位纸媒意识中心的转移和话语体系重构的现实体现。例如,Y厂厂报对劳动模范刘景和[①]的报道:"他刻苦钻研技术,大搞技术革新。1980年以来,他围绕产品质量、汽车换型,先后完成了水泵漏水实验台,气泵装配夹具、钻铰扎胎具等60多项技术革新,其中水泵漏水、实验台等四个项目是总厂级的攻关项目,为企业节创造价值70多万元。在Y厂换型改造工作中,他先后设计和制作换型急需的加工膜片泵、摩擦离合气泵斜孔等五种(套)胎具,提高了零部件的加工质量和工作效率,节省了加工材料费,加工气泵装配夹具的钻铰孔胎具是换型急需的27道气泵装配夹具,由于零件工艺比较复杂,涉及洗、钻、钳等多道工序加工,经过一个多月的努力,也没能投入生产,影响了换型工程的进度。他主动把这一攻关项目承担下来,经过反复试验,研制出钻铰孔胎具只用钻床加工就可生产出合格品,提高功效6倍。他设计制成的膜片泵隔板加工胎具投入使用后,从原来加工每件90分钟降到10分钟,合格率达到100%,在加工水泵轮用的卡爪时,部分淬火时硬度控制不够,使用寿命较短,他对原卡爪的旧体进行了适当的改制,找合理淬火的高速钢牙条镶嵌在被改制的卡爪旧体上,

---

[①] 刘景和:1975年加入中国共产党,1960年参加工作,在制泵厂工具科当工人、班长、技师,1985年至1989年连续五年被Y厂授予厂劳动模范称号,1985年被辽源市政府授予劳动模范称号,1986年被吉林省政府授予劳动模范称号,1988年被吉林省政府授予振兴吉林特等功臣称号,1989年被国务院授予全国劳动模范称号.

使卡爪的使用寿命由原来的三四天延长到半个月。"对张振江①的报道中记载道:"他同几位老工人搞起'孟泰'小仓库,把场内各个角落的锤头、锤立柱、锤杆、导轨200多种、1000多件拾回来修复待用。在5号锤夹持器备品不足,眼看就要影响生产时,小仓库帮助解决了问题。他还是个'革新迷'、'工作狂'。在热处理车间,一号炉出现故障,炉子内一区与二区连接部分导轨脱节,为了不影响锻件生产任务,他提出了冒高温抢修的想法,并主动承担抢修工作,冒着高温往返7次终于把导轨修好。在厂关键设备——模锻八号锤钻发生破坏性开裂,生产受到严重威胁,仓库内没有备件,重新制造工期最短一个月的情况下,他提出的运用局部淬火,消除应力,再予补焊加固增加强度的修复方法成功解决问题。从西德进口的一条连杆生产自动线,缺少一把从电加热炉送往锻压机滚压送毛坯的机械手,他带着几位能工巧匠把它制造了出来,西德专家称,'中国人真了不起'。他自筹资金建起了护栏厂,解决100多名待业青年就业,先后为双辽农机厂等四个单位技术帮扶,实现了扭亏为盈。"

由此可见,这一阶段的Y厂致力于换型改造,单位纸媒中塑造的典型人物特征趋向于具有创新精神和特殊贡献的"建设型"单位人,这些典型人物特征的转变亦是Y厂厂报话语体系转变的事实依据。Y厂试图通过纸媒的典型塑造对单位人进行正确的舆论引导,打破单位人对特殊时期典型人物形象的刻板印象。为了进一步巩固纸媒中典型人物报道的正面影响,Y厂工会坚持通过表彰会、劳模事迹报告会、歌颂劳模文艺演出、讲劳模故事、演讲会、座谈会、教育培训、创建"劳模创新工作室"以及以劳模名字命名工作岗位、为劳模公开出版专著书籍等多种途径和形式,大力宣传劳模事迹、展示劳模风采、弘扬劳模品格、扩大示范效应。集团工会在Y厂

---

① 张振江:1976年加入中国共产党,1954年进入Y厂,历任锻造厂工人、队长、工长、副科长、科长,技协服务部主任,四环公司护栏厂厂长,1979年至1992年连续14次被授予厂劳动模范称号,1979、1980、1983年被长春市政府授予劳动模范称号,1985、1989年被长春市政府授予特等劳动模范称号,1979、1983年被吉林省政府授予劳动模范称号。1982年至1989年期间,四次被吉林省政府授予特等劳动模范称号,1987年被全国总工会授予全国五一劳动奖章,1989年被国务院授予全国劳动模范称号。

展览馆专门设置了"劳动模范墙",把全集团的劳模本人照片和先进事迹上墙进行宣传,以不忘劳模为Y厂集团创业、转型、发展和壮大所做出的历史性卓越贡献。集团工会还在新入职的职工培训课程中,专门开辟了劳模精神传承讲座课,让新入职的职工第一时间、第一步、第一印象,就知晓劳模精神、了解劳模精神、学习劳模精神,自觉弘扬和践行劳模精神,努力争做新一代的劳模精神传承人,让劳模精神代代相传,发扬光大,感染和激励更多的职工爱岗敬业、奉献创新,再创企业更大的辉煌。

(三)单位文化主体话语

单位纸媒是反映单位声音的特定媒体,明确了负责主体和受众对象的定位。1975—1992年,正值国家改革开放的重要时期,Y厂作为国有企业,不可避免地与国家发展步伐一致,走向企业改革的发展道路,那么它的单位纸媒对象又是谁呢?无疑是单位人。Y厂单位纸媒作为Y厂与单位人之间互相沟通的载体,其主要受众主体就是单位人,其内容定位主要体现了Y厂文化、发展以及单位人的精神风貌。作为传播企业文化为主的媒体,单位纸媒在内容报道上要平衡党和单位人之间的关系。例如,在进行工人文化宫建成报道中写道:"在省建筑团队和全厂职工的共同努力下,最近胜利建成,汽车工人文化宫的开放是我厂职工和家属文化生活中的一件喜事……即将成为广大职工和家属文化休闲娱乐的好场所,成为青少年校外教育的阵地,为汽车工业的现代化建设作出贡献。"这一报道肯定了单位人于单位的重要作用,也表达了企业对单位人精神文化生活的关注和安排。单位纸媒作为一个企业内部的刊物,不需要一定站在哪一边,但是必须站在一个相对的第三方立场上,营造出一个谈话的"场",一个交流的"场",把促进单位与单位人之间的有效沟通作为自己最大的责任。此外,单位纸媒在内容报道的过程中不仅需要做到上传下达,也需要做到下传上达,单位人既能够通过单位纸媒了解到单位的主要方针、政策以及发展规划,同样也需要让单位了解到单位人的需求以及他们对未来发展的规划,使其成为一个单位人讲话、讲真话,单位愿意对单位人讲话的开放式平台。

从Y厂单位纸媒的真实报道内容来看，更多的是上传下达的内容，以单位传递内容为主，鲜少在单位纸媒中报道出单位人的心声。虽然单位纸媒的直接受众群体是单位人，但是单位人只是接受的一方，他们接受单位关于单位已有成果、典型塑造等内容的传播，而他们无法将自己的心声和想法通过单位纸媒实现下传上达的目的，而这也是Y厂单位纸媒在这一时期的缺陷。虽然单位纸媒的变革实现了内容、形式上的变革，但是其发挥的作用并没有发生实质性的变革。"其受众对象也依旧只是单位人，单位人只能被动地接受其传播的内容，在单位纸媒的办刊过程中忽略了单位人对单位纸媒忠诚度和满意度的考虑。"[①]Y厂单位纸媒的主要负责主体看似是单位人，实质上是单位，单位人只是单位纸媒的受众群体，并不会对单位纸媒产生直接的管理和主导作用。

随着单位纸媒的改革，单位与单位人之间的关系也发生不同程度的转型。过去基于单位纸媒作为单纯的"党、国家和单位的'喉舌'"的定位，报道内容和话语表达多是以对单位人进行宣传教育的形式展开的。而单位人只是作为单位中被管理者、被教育者，"俯首听命"于单位纸媒的宣传教育，单位人并没有自主选择的余地和诉求表达的权利。在经过改革开放的洗礼以及计划经济向市场经济的转变之后，单位纸媒已经从过去的社会控制高地上回归到信息传播工具本身，逐步成为党、国家、单位以及单位人的"代言工具"。与此同时，单位人的思想也发生了巨大的转变，尤其是经过了剧烈的社会转型之后，单位人的权利意识、法治意识大大提升，已经开始向现代公民转型。他们不再是一个被动的传播接受者，而是具有主动选择能力，充满参与精神和权利意识的新型传播主体。单位人开始追求自身的权益，希望通过单位纸媒获取更多关于他们自身利益的内容报道。例如，1979年11月21日关于"汽车工人文化宫建成"以及1980年8月2日"群众性歌咏比赛大会"的报道，单位纸媒与单位人之间的关系不再是一般意义的从属关系，单位纸媒的传播内容也会逐渐考虑到单位人的需求，单

[①] 单金焱. 内刊对谁负责[J]. 城市开发，2007(Z2).

第五章 单位纸媒的变革(1975—1992)

位纸媒与单位人之间的关系呈现出一种新型的模式,不仅仅是一种一般意义上的传受关系,更是一种受众的传媒选择权、使用权得以实现的权利义务关系。在这样的关系之中,单位纸媒为单位人服务,帮助单位人实现传媒选择权和使用权,进而实现单位人的表达权、言论自由及其他人权。一位Y厂退休职工说:"前面十年,单位报纸中的内容受到很大的限制,十年'文革'过后,又进入改革开放时期,单位报纸也跟着进行了变革,里面报道的内容已经不再局限于典型塑造、单位成果了,开始注意到对我们这些工人福利的报道,我们可以通过报纸了解到单位又给我们提供了哪些福利,而且也丰富了我们的娱乐生活。"[1]

(四)单位纸媒话语体系的整体框架

从Y厂单位纸媒话语体系的内在结构及其相互关系来看,其整体框架主要分为四个部分:逻辑部分、事实部分、表达部分以及价值部分。单位纸媒的话语体系必须立足于环境背景,融合传统文化和马克思主义,对中国发展进行合理的诠释,从而构建既符合时代特征又符合单位发展的逻辑框架,对中国共产党的执政地位和施政理念在单位管理中做正当性、合理性、普遍性的阐释,进而获得广大单位人的普遍认同。

1. 逻辑部分

逻辑部分是"话语体系"的骨骼。单位纸媒话语体系基于中国道路、中国特色社会主义理论体系及其他学术思想,是话语权的实践基础和对解决中国问题的理论表达。单位纸媒话语体系作为一种理论表达,其内在逻辑需要合乎历史发展规律和现实的情势需要,不仅在历史纵深上,也在现实需要的维度上,都要确定自身的逻辑关系和运行原则。单位纸媒的"话语体系"的建构逻辑体现事实性特征。单位纸媒的"话语体系"存在的意义和价值在于合理地反映中国发展的实践,对于1975—1992年时期,单位纸媒的"话语体系"主要反映改革开放时期Y厂的生产活动、单位人生产活动等方面取得的骄人成绩。单位纸媒的"话语体系"是在中国特色社会主义具

---

[1] Y厂职工口述史(2020).

体实践的基础上，对其理论的浓缩与凝练，在对中国模式进行深刻解读的同时，也对整个世界发展模式的探讨做出了理论回应。单位纸媒"话语体系"的建构逻辑体现了发展性特征。发展性特征主要是由于中国模式仍处于发展与完善的过程中，使得单位纸媒的"话语体系"集动态性和开放性于一身。在改革开放初期，社会上各种思潮并存，国家层面的社会价值尚未形成，单位纸媒作为体现国家意志、单位形态的传播载体，不仅要遵循传播的规律，更重要的是在价值多元、思想异化的社会文化条件下，深化单位人对核心价值观的认识，加强单位人对单位的认同感，要在具体的实践中实现话语体系与中国模式的匹配，在不断发展中将党、国家和单位的关系讲清楚，讲到位，切实增强对舆论的引导和对话语权的把握。①

2. 事实部分

在单位纸媒的话语体系中"事实部分"主要是指"中国模式客观存在的景象，即我国自成立在经济、政治、文化、科技等方面的具体实践，它是话语体系的基础，是逻辑层次、价值层次得以建立的本体"②。自中华文明产生以来，其文化内核的发展与演变可从话语的变迁中窥见一二，这种演变与社会历史的变迁密不可分。进入近代以来，正如李鸿章所言："我朝处数千年未有之大变局……窃以为天下穷则变，变则通。"中国不仅在地缘政治竞争中处于全面下风，同时中国传统文化经由全面压制游牧民族文化到经受西方现代文化的冲击和挑战，故向西方学习先进文化，对传统文化进行现代化创新成为知识分子的重要历史任务。其中，"话语体系"的演变更是折射了中国历史的演变，从"师夷长技以制夷""中学为体、西学为用"到将"民主和科学"纳入中国话语体系，进而对整个中国现代话语体系产生了深远的影响。自改革开放以来，形成了中国特色的发展道路，作为党和国家主流价值观传播载体的单位纸媒，话语体系也发生了巨大的转变，在对单位深刻变革和建设实践进行主动应对的同时，也在与单位人的交流中

---

① 刘晨. 新时期党媒话语体系的构建[D]. 武汉：湖北省社会科学院，2016.
② 唐海江，陈佳丽. 话语体系：概念解析与中国命题之反思[J]. 现代传播（中国传媒大学学报），2015(7).

取得一定的成效。

3. 表达部分

表达是单位纸媒的"话语体系"的具体内涵与外在载体的统一。完善载体与表达是建构"单位纸媒话语体系"的重要内容，话语体系包含的内容得到广泛的认同和理解，进而得到创新发展。需要广泛的传播渠道、全方位多功能综合化的传播平台和适时、有效、准确的话语表达，这个过程即"单位纸媒话语体系"从理论表达层面向现实层面的转化。具体而言，在实现从理论表达到现实传播的过程中，从单位的视角来看，其核心话语不仅要符合单位当前的实际情况，还要顺应社会发展的主流趋势，即得到上级单位的广泛认可；从单位人的视角来看，其话语表达不仅要正确、准确、广泛地弘扬党的精神，宣传党的政策，还要紧密联系单位人，搭建与单位人密切沟通的桥梁。单位纸媒作为党、国家和单位的"喉舌"在任何时期都一如既往地坚定立场，积极进行政治宣传和凝聚共识的工作，为党和国家的建设、发展做出突出贡献。话语表达的创新有两个层面：一是传播方式创新，即大力发展数字化、网络化媒介形式，积极拓宽传播；二是话语范式的创新，坚持党性与人民性的统一，即在宣传党的政策的同时，以单位人视角关注单位人关心的话题，解决单位人关切的问题，为单位人说话，说单位人"听得懂，听得清"的话，切实拉近与单位人的距离。

4. 价值部分

任何话语在形成和发展的过程中，都包含了特定的观念和思想，相应地，单位纸媒话语体系应成为社会思想文化和意识形态的直接体现，关系着国家和民族文化的有效传承，其包含的观念和思想应上升到国家层面，成为国家价值观的重要组成部分。单位纸媒话语体系的价值层次表现在对传统文化的继承和发扬以及对新时期主流意识形态的引领和弘扬方面，社会主义核心价值观是价值层次的具体展现。在改革开放时期，这不仅是单位纸媒面临的巨大挑战，也是单位纸媒发展的重大机遇，大到国家，小到单位，比任何时期都更需要单位纸媒肩负起凝聚共识，引领社会主流价值的重任。单位纸媒必须不遗余力地弘扬社会主义核心价值观，将单位人的思想统一到实现中华民族伟大复兴的伟业上，在此过程中单位纸媒的价值也将得到升华。

二、单位纸媒舆论导向的原则

(一)把握正确的舆论导向

高度重视党的新闻舆论工作，是我们党的优良传统。我们的单位纸媒在报道的内容、报道的角度以及报道的时机等方面，都会体现出舆论导向。正确的舆论导向必须牢牢坚持，不能放松。单位纸媒特别是国有企业创办的刊物，更要注重"高举旗帜、引领导向，围绕中心、服务大局，把握住企业工作的大局和中心工作，把握好正确的舆论导向"[1]。Y厂作为国内汽车生产行业中的佼佼者，单位纸媒中报道的内容应该紧跟改革发展的步伐以及企业发展的方向，将作为宣传党的政策、引导舆论、信息沟通、文化传播、展示形象的重要平台。Y厂单位纸媒在1975—1992年期间报道的内容主要是对单位先进、标兵、典型人物的表彰，企业为单位人提供的文化、生活等方面的福利，以及单位在生产、创新方面的重要成果展示，围绕中心工作加强新闻舆论引导，加大对内宣传力度，不断丰富单位纸媒的宣传内容，及时将党的各项方针政策传达给每一位单位人。同时集中宣传Y厂在精神文明建设方面的工作动态，如工人文化宫的建成以及众人歌咏比赛等。与此同时，深入挖掘和集中展示Y厂各个岗位中立足本职、忘我工作的敬业精神和感人事迹，通过这一舆论导向的报道鼓舞Y厂单位人的工作积极性。

"紧密围绕Y厂中心工作，服务于改革发展大局，积极宣传Y厂的重大决策、重要部署和重点工作，以充分展示Y厂改革发展取得的成就为主线，把握正确导向，坚持正面宣传，为Y厂改革发展、和谐稳定提供正确的舆论支持。"[2]把握重点，抓好重大生产创新和生产成果的宣传。Y厂单位纸媒及时报道了Y厂在换型改造、创新生产方面成果的展示，如1984

---

[1] 侯德义. 发挥企业内刊在舆论引导中的重要作用[J]. 中国报业, 2016(08).
[2] Y厂报社社长访谈(2020).

年 1 月 21 日报道了其换型改造已进入实施阶段、1986 年 7 月 15 日报道了 GA141 解放新车开始批量试生产、1986 年 9 月 3 日报道了新厂区一期工程开工典礼、1987 年报道了 CA141 解放车当年投产当年出口并创汇 500 万元、1992 年 12 月 23 日报道了 12 月 19 日具有国际先进水平的解放牌轻型车在长春轻型车厂正式投产等内容，大力宣传了 Y 厂在能力建设和自主创新方面的重大成就。

精心设计，深挖各岗位先进典型和模范人物的宣传。这一时期，Y 厂单位纸媒主要通过重点宣传不同岗位的先进典型激发各个岗位职工的生产热情，实现整个企业单位人积极生产、致力创新的局面。与此同时，Y 厂单位在这一时期重点宣传了全心全意为人民服务、毫无利己、专门利人、勤奋忘我地为广大人民群众做了许多好事、许多实事的"雷锋式"好工人李放，通过这一典型的塑造和宣传扩大普通人的影响力，继而达到宣传的效果。

正确的舆论会鼓舞和凝聚人心，错误的舆论会瓦解和涣散人心，现实充分显现出新闻舆论对于党和国家事业发展与长治久安的极端重要性。单位纸媒作为国有企业党委的机关报刊，必须要坚持党对新闻舆论工作的领导，媒体人要坚持党性原则，党委要管好媒体。如果无法坚守住宣传舆论这一阵地，无法做好舆论引导的作用，那么整个单位的思想意识形态将会产生偏差。Y 厂经历了"文革"十年的动乱，时刻记住正确的舆论导向的意义，在新闻报道的过程中坚持和把握正确的政治方向，做好党的宣传舆论阵地和党的"喉舌"，坚守住单位纸媒报道的职责和使命，贯彻落实党的理论和路线方针政策，确保党对单位纸媒的领导以及管理。

(二)坚持"三贴近"的原则

党的新闻舆论工作是党和人民群众联系的桥梁和纽带。新闻宣传工作必须坚持"三贴近"原则，发扬"走、转、改"精神，切实转变思想作风、工作作风，着力提高新闻报道的针对性和实效性。这些原则和要求对于单位纸媒而言，显得尤为重要。

单位纸媒在进行采集编写的时候必须做到既要领悟"上面"的精神，又要掌握"下面"的情况。在对单位内容进行报道的时候要积极创新形式、手段、方法以及内容，努力使报道内容既接地气又具有吸引力和感染力。Y厂单位纸媒这一时期在进行内容报道时注意报道内容与企业职工的关联性，既包含企业自身成果的展示，也包含了与单位人切身福利相关的内容，使得Y厂纸媒报道的内容生动鲜活、可读性非常强。

(三)坚持"强化宣传策划意识"的原则

新闻舆论工作的基本方针就是要牢牢坚持正面宣传为主，传播正能量，形成团结鼓劲、奋发向上的氛围。新闻宣传工作有其内在的客观规律，要办好单位纸媒，就一定要遵循新闻报道的内在规律，抓住重要活动的契机，做好新闻策划，提高新闻宣传效果。

新闻策划在单位纸媒的创办中显得尤为重要，也是单位纸媒编辑工作的主要指标。单位纸媒的内容好不好看，吸不吸引人，很大程度上取决于单位纸媒的策划，而这对单位纸媒编辑的新闻敏感度要求较高，需要对单位内的重要事件以及单位人关注事件及时捕捉。新闻内容既要条理清晰，又要观点明确。例如，1983年2月26日为了突出报道Y厂累计生产一百万辆汽车的消息，出版了"号外"，翌日又以"百万'解放'驰中华"为题重点报道了这一内容。

Y厂单位纸媒定位明确，重点突出深度报道、基层动态和综合报道，发挥了传播党的声音、记录Y厂的发展变化和Y厂单位人奋进的足迹作用，成为Y厂文化的主要载体和对外展示形象的重要窗口。

三、单位纸媒的功能实践

(一)"拨乱反正"后唤醒生产积极性的手段

经过十年动乱，Y厂单位纸媒经历了停刊到复刊，Y厂单位人的生产积极性也受到十年动乱的冲击，为了重新燃起Y厂单位人的生产积极性，Y厂单位纸媒复刊之后，通过榜样和先进标兵的报道带动Y厂前进的"火车头"。通过Y厂退休职工的口述可知，榜样的力量是无穷的，先进标兵的不断涌现使得Y厂工人的生产积极性空前高涨。"那会儿谁要是登上单

第五章 单位纸媒的变革(1975—1992)

位报纸,那可是非常光荣,那可是单位的劳模先进啊。记得有次报道的先进中有个残疾人,他在工作中都是挑的重活脏活,但是这个报道一出来,大家就觉得一个残疾人都能积极工作成为先进,我们这些正常人再不努力工作岂不是太丢脸了。之后很多时候大家在工作时,一个组的都会互相追着工作,时不时问问你生产多少个了,就这样大家的工作积极性也就上来了。"Y厂单位纸媒通过报道国家领导人对Y厂生产的批示鼓舞人心:"为捷达轿车批量试生产挥笔祝贺,国务院副总理邹家华批语振奋Y厂人。"国家领导人对Y厂生产的肯定极大地唤醒了Y厂单位人的生产积极性,一位Y厂退休职工回忆道:"那时候,李鹏总理、朱镕基副总理他们就表扬我们了,我们不仅仅实现了量的飞跃,还实现了质的飞跃,这都得到国家领导人的肯定了,肯定就想要继续加把劲,希望可以不辜负国家对我们的期望,干劲儿也变得十足。"[①]Y厂单位纸媒对于先进、劳模等具有榜样作用人群的报道,一方面是对具有较大贡献群体的一种表彰,另一方面,是通过榜样的力量引导更多的人重视Y厂生产、积极投入生产,唤醒Y厂单位人尘封许久的工作积极性。一位Y厂的退休典型说:"那时候刚经历了'文革',厂子里的效益也不好,大家还没有从'文革'那个劲儿缓过来,哪有什么心思想着好好工作,大家就想着不要再出现这样的事儿,安安生生地活着就行。这个时候报纸上开始频繁报道先进、模范好人之类的,大家这个时候才反应过来,原来'文革'已经结束了,我们能够正常生活、工作了,那肯定就想好好工作成为先进、模范,这不仅仅是光荣的事情,这还有奖励了,以后升职之类的都会成为考虑的第一梯队成员。所以那时候就形成了一股工作攀比的风气,谁工作做得又好又快就会成为大家争先恐后请教的对象。我那会儿还拿过我们车间的先进典型了,还让我教大家怎么做才会又好又快,你都不知道这在当时有多风光。"[②]

(二)Y厂制度文化的推手

企业文化具有特殊的强制渗透功能,是通过制度文化和道德规范而发

[①] Y厂职工访谈(2020).
[②] Y厂职工访谈(2020).

115

生作用的。企业的经营理念和价值观贯穿于企业经营活动和企业管理的每一个环节中，并与企业环境变化相适应，而企业的制度建设正是企业文化最具代表性的体现。Y厂单位纸媒报道汽车厂的文艺汇演、体育赛事，实质上是对企业文化建设、企业文化理念的介绍以及企业成就的展示，让Y厂单位人了解企业及其企业文化核心理念，提高Y厂单位人对Y厂的认同感和归属感，从而提高Y厂单位人对企业的忠诚度。一位Y厂职工回忆说："那时候就有各种消息传出，说在建工人文化宫，后来单位报纸上报道了工人文化宫正式建成的消息，大家别提多高兴了，说是终于有了我们自己文化娱乐的地方了，大家就觉得单位啥都为我们想到了，我们就只管工作就好。而且单位还时不时组织一些文化活动，不仅仅是我们参加，我们的家属也可以参加，这样的单位谁不喜欢，谁不认可，肯定是在工作的时候更加积极啊！"[①]

单位纸媒实质上是企业制度文化的一种表现形式，它通过文字、图片的形式将企业的文化以更加直观的形式表现出来，如1978年2月18日先进、榜样的介绍和事迹简介、1991年6月12日"雷锋式"好工人李放事迹报道等，由此可见Y厂对劳动生产中积极分子的重视以及企业文化中"生产才是硬道理"的追求。Y厂退休职工口述道："我们单位基本上定期会评选出一些先进和模范，比如技术小能手啦、生产标兵啦之类的，这些人都是生产过程中相对其他人比较优秀的，通过单位的报纸把这些报道出来，我们那时候就希望自己也能上报纸，实际上这也是单位的一种表彰形式吧，一开始都是一个证书，后来慢慢就是一个证书、一个茶缸，这也算是单位的一种文化吧。"[②]单位纸媒的存在意义就是将抽象的事物通过具体的形式表现出来，正如企业制度文化是一个相对宏观和抽象的概念，我们通过单位纸媒对榜样、标兵和先进的报道，体现企业文化中最具代表性评选制度。通过单位纸媒进行企业理念、目标、政策、精神的上传下达，使员工可以在明确企业整体经营理念、奋斗目标的基础上，对自身的工作、行

---

① Y厂职工访谈(2020).
② Y厂职工口述史(2020).

为进行自觉的规划、调整。通过及时反映员工思想动态、工作创新以及意见、建议，提高员工工作积极性及工作效率。同时，单位纸媒还有助于单位内部各部门之间的信息流动，促使单位部门间的有效互动。

(三)单位形象树立的载体

企业的核心即为生产，生产是企业得以生存和发展的重要指标，也是企业对外形象的重要标准。Y厂在1975年至1992年，把握改革开放的机遇大力发展企业的生产事业，通过换型改造等方式推动发展，树立Y厂积极向上、不断创新的企业形象。例如，1983年2月26日刊登出"Y厂汽车累计产量突破100万辆"的信息，1984年1月21日报道了其换型改造已进入实施阶段等，标志着Y厂集团产品结构形成了中、轻、轿三足鼎立的新格局。这一系列关于Y厂成果的报道突出了Y厂在同类型企业中佼佼者的形象，帮助Y企业树立了积极创新生产的正面形象。"我们单位那时候可是这个(竖起大拇指)，那会儿谁说是我们单位的职工那老有面儿了，都争着想进厂呢，那可不是什么人都能进去的。我记得那会儿好多都是学徒制，跟着大师傅学，好多都是一家人都在厂子里，我就是，我爹妈都是厂子里的职工，我后来也是在厂子办的学校上学，之后就进到厂子学徒、工作。那时候几乎天天都会报道厂子又生产多少辆车，又生产出什么新车，那时候可是汽车行业的头头，不像现在什么上汽、广汽都出了，那时候都指着我们的车子了。"[①]

经历了十年动乱，拨乱反正之后Y厂重新投入正常的生产活动中。改革开放之后，中国的货运和客运量出现爆发式现象，国内市场对汽车的需求量越来越高。但是，随着更多的进口车型进入国内，Y厂手中的老旧车型很快出现严重的滞销现象。开放的市场环境使得人们的选择越来越多，竞争也越来越激烈，新型产品的研发和投放是当时Y厂急需解决的问题，社会催促新产品的呼声也越来越高。Y厂通过自筹的4.4亿资金成功完成了改造工程，并且已经基本上完成了由计划经济下的大型国有企业向市场

---

① Y厂职工访谈(2020).

经济下的现代企业的改革过程，完成了由单一工厂体制到公司体制的转变。而这些变革和转变并不是所有单位人都能够了解和理解的，所以通过单位纸媒对这些内容的报道，让更多的单位人了解到企业在改革发展进程中获得的成果，奠定了Y厂行业龙头的位置，树立了Y厂创立自主品牌、聚焦改革创新、振兴民族汽车产业的企业形象。一位Y厂职工骄傲地说："那会儿国家都指着我们厂子，那时候国内自主生产的汽车只有我们，关于红旗轿车那也是经历了一番波折，直到1984年作为大阅兵时领导人乘坐的工具才正式宣布研发成功，这个一下子就将我们厂子在国内汽车行业中的地位稳固了。而且我们厂子的报纸上也对这方面的内容进行详细的报道，不管是不是生产一线的工人，全厂人看到这个消息的时候都很振奋，我们还把报纸寄给别的地方的同学，反正就是显摆呗，哈哈，是神的骄傲。那会儿就觉得这不只是我们单位的荣耀，是代表了我们国家在汽车生产方面一大进步。"[①]

从某种意义上来说，在对外方面，单位纸媒担任宣传企业形象、企业文化的角色，这是它最重要的职责之一。单位纸媒记录了企业发展历程，反映了员工工作生活状态，体现了企业管理思想，它的定位和风格展示了企业特有的文化和精神。单位纸媒从不同方面阐释企业特有理念，它作为企业对外信息交流的窗口，是企业人性化的缩影，有助于外界对企业形象更深地理解和把握，积极有效地推动企业形象建设。Y厂单位纸媒对企业生产成果以及企业发展概况的报道，不仅仅使所有的单位人对企业的发展有一定的了解，构建Y厂在单位人心中的企业形象，也成为Y厂对外沟通、交流的主要载体，将单位纸媒中报道的内容直接呈现给合作方或者学习、交流的一方，以相对直观、直接的方式构建出Y厂对外的企业形象。不可否认的是，改革开放阶段正是Y厂的重要变革时期，也是Y厂单位纸媒的重要变革阶段，其报道的内容也逐渐多元化。这一时期，Y厂厂报内容的最终目的则是激发Y厂单位人的生产积极性以及树立Y厂"勇于创

[①] Y厂职工访谈(2020).

造、改革创新以及振兴民族汽车行业"的正面形象。

(四)实施内部管理的工具

单位纸媒的受众主要是单位内部,与其他企业内刊的对外传播特征有着明显的区别。在Y厂的组织架构中,单位纸媒并不是直接生产汽车的部门,也不是对Y厂单位人进行物质手段服务的机构,它主要报道Y厂生产、工作进度及成果,其更多的是从精神层面对Y厂单位人起到鼓舞和振奋人心的作用。Y厂单位纸媒通过表彰先进和宣传典型激发单位人的工作积极性,主要宣传先进标兵的精神面貌和思想状态,这与Y厂工会的评比、授奖有着明显的差异。此外,Y厂单位纸媒在进行单位产品创新和生产突破报道时,并没有着重于技术的讲解和宣传,更多的是对其生产中的单位人的行为、思想活动等方面的宣传。例如,1983年2月26日关于Y厂累计生产一百万辆汽车的报道中记载道:"这是上级单位正确领导、兄弟单位大力支持、全厂职工积极努力的辉煌成果。"其重在宣传单位取得成果背后单位人的付出以及上级单位的领导和兄弟单位的支持,通过这一手段将各部门之间以及各单位人之间的关系链接起来,实现对单位人的思想引导和管理。Y厂退休工人回忆道:"那时候单位制定一些规章制度来制约我们的行为,但是那些制度是死的,人是活的呀,有时候大家就会觉得那些规章制度不合理,但是又不得不遵守。会在别人不注意的情况下偷偷放松一下,但是有时候看到单位报纸上的那些报道,什么先进、劳模的事迹就会觉得自己也能做到,这样是不是也就能成为先进和劳模了。因为那时候先进和劳模是很受人尊重的,尤其是在单位的发展,也会有很大的关系,这之后我们就会格外注意自己的行为。那时候在进行生产活动的时候,我就把我们车间那个先进作为我奋斗的目标,有时候还会跟他请教,时间一长吧,就养成一种习惯了,自然而然地严格规范自己了。"[①]

对于Y厂来说,技术的创新和产品的升级是其提高企业竞争力和发展企业的重要手段,但是技术的创新和产品的升级依赖于单位人的行为,Y

---

① Y厂职工访谈(2020).

厂对单位人有效管理才能最大限度地激发单位人的创新热情和创新水平。Y厂通过单位纸媒对单位人进行正确的思想引导和舆论导向,以有形的文字报道方式传递无形的企业文化,使得Y厂对单位人的管理从理念转向行动、从抽象表现为具体。Y厂通过单位纸媒对单位人的管理相较于规章制度的管理,更加人性化、易接受,同时其对单位人的影响是潜移默化的,能够在一定程度上缓解规章制度在对单位人进行管理过程中形成矛盾的激化,借助先进标兵、榜样模范的领头作用对其他单位人的行为进行纠正和引导,同时通过对Y厂取得成果的展示激发单位人内心的自豪感和荣誉感,继而在生产活动中以此作为勉励自己的内容,使单位人从心底认可这一思想动态和精神面貌。一位劳模回忆说:"很多时候那些报道比规章制度有用多了,一看这次又突破了什么极限,又有了什么创新,内心的那种成就感就会督促自己在工作过程中要更加努力。我们那时候和现在不一样,那会儿刚刚改革开放,又经历了十年动乱,国家正是百废待兴的时刻,我们对于国家和单位的那种荣誉感都是发自内心的,那些报道很多时候就会将心中的自豪、荣誉和感动拉到满,根本就不需要再通过什么强制手段让大家努力工作。大家都是非常自觉的,目标一致,不只是要做劳模、先进,更多的是想要让国家从此走向世界的前列,希望国家可以强大起来。"[①]

从某种程度上来说,制度无非是固化的理念存在,没有正确的理念就没有科学的制度,因此,理念高于制度。换而言之,理念决定制度,制度决定技术,技术决定产品,从这个意义上说,企业理念才是最终意义上的第一核心竞争力。通过单位纸媒对单位人进行企业理念的潜移默化的渗透,在一定程度上打破规章制度和耳提面命的违和感,反而能够得到事半功倍的效果,让单位人从心底认可这一理念,从而在生产活动中以这一理念作为其行动的准则及目标,继而推动Y厂生产方式和产品的创新、提升企业核心竞争力。

[①] Y厂职工访谈(2020).

第六章 单位纸媒的多元探索
（1992年—至今）

一、单位纸媒的模式探索

（一）重建单位共同体

单位共同体的重建主要分为两部分：一方面是重新恢复单位组织的良性秩序和有效结构，发挥单位"去原子化"，提高社会黏性的组织作用；另一方面是推进企业改制，将原本的职工医疗、教育、服务等职能推向社会，转变"企业办社会"化道路，试图通过扩大企业自主权和推行"利润包干制"的方式，进行组织的管理体制与经营体制调整。[①]

伴随着特殊历史时期的结束，中国社会也继续从"文革"和"左倾"的阴影中走出来，如何恢复良性的社会运作机制成为建设市场经济以来的首要任务。不同于农村社会对于土地制度的单纯冲击，特殊时期留下的城市问题不仅是社会形态的失序，还有如何增加和动员城市社会对于重建经济环境的信心，社会失序和经济环境破坏这两个问题都面向单位共同体的重建。渠敬东、周飞舟、应星在《从总体性支配到技术治理——基于中国30年改革经验的社会学分析》一文中率先提出了"重建单位制"的说法。文章指出："与广大农村依靠家庭生产所激发出来的活力相比，城市中'文革'的遗留问题对于社会稳定运行的消极尚未消除，各级政府依然处于拨乱反

[①] 田毅鹏.单位社会共同体的变迁与城市社区重建[M].北京：中央编译出版社，2011.

正，重整从中央到地方政府再到国有企业等各级行政秩序之中，通过重建单位体制，使各项社会生产和生活秩序得到有效恢复。"[1]但是当领导集体想恢复单位共同体时发现，原有的单位共同体在市场经济和改革开放的冲击下已经不再适合当下社会，不得不重建单位共同体来适应市场经济的发展。

作为面向市场经济的集团企业，Y厂在变革中面临的首要问题是企业变革中的技术革新。解放卡车在中国历史上纵横驰骋30年，在中国无人能比，一代代的解放更新不断，创造出新的历史，新解放延续老解放的辉煌，每一位Y厂职工尤其是解放公司的职工们坚定不移地认为："做大做强解放不仅代表着对解放的执念，也代表着Y厂的信念。"Y厂在变革中并非一帆风顺，在同日本、德国等国合资谈判破裂和二汽建设、快速发展的双重冲击下，Y厂坚定了自主革新的信念。Y厂建厂51年之际解放奥威上市，Y厂解放汽车有限公司成立。解放J6的创新是Y厂产品决胜市场的重要因素，如果说解放J6是Y厂自主事业的根，那红旗就是Y厂自主事业的魂，红旗被赋予了更多的政治色彩，20年来红旗的复兴计划一直成为古老民族工业的不懈追求。制造100%自主的高级轿车不仅要开发车，也要开发发动机。2013年迎接法国总统的红旗L5被国际媒体广泛报道，红旗国宾车豪华程度比拟劳斯莱斯，成为中国的新式外交武器。被赋予家国情怀的汽车成为单位共同体恢复的有效载体。

美国学者西达·斯考切波在《国家与社会革命》一书中提出："中国动员型的政党组织创建，是摆脱传统中国民众的无组织性和士绅阶层软弱性的内在动机。这决定了中国新型的社会秩序建构走向了大众动员型的模式，并在此过程中强化国家与社会的联系和密切党群关系。"[2]中国近现代革命的过程不是王朝的更新换代，而是一种重塑的过程，即生产方式、政治架构、社会组织方式和文化意识形态的制度性革命。因此，结束特殊时

---

① 渠敬东，周飞舟，应星. 从总体性支配到技术治理——基于中国30年改革经验的社会学分析[J]. 中国社会科学，2009(06).

② [美]西达·斯考切波. 国家与社会革命[M]. 胡为雄等译. 北京：中国人民大学出版社，2015.

第六章 单位纸媒的多元探索(1992年—至今)

期后,单位社会是促进国家发展、推动现代化进程的根本,也可通过更强程度的组织建设与整合行动,实现了构建新的社会运行秩序的目标。单位社会的成熟是当代中国依靠独立的权威力量,推进现代化进程的标志,重构是中国构建新的社会调控体系和社会整合方式的尝试。

(二)单位社会的扩张与延续

进入到20世纪七八十年代,单位社会的规模空前,至于为何扩张单位社会,学界的讨论主要集中在两方面:一是"文革"之后百废待兴,为了缓解就业压力,缓和社会矛盾,大型国有企业中厂办大集体的出现和子女接班制度的推广,通过"企业办社会"的形式将单位人的生产生活各个领域涵盖到单位组织当中,也使曾经的剩余劳动力得到充分发挥,单位中剩余劳动力在生活补给、经济价值的创造中充分发挥作用,在一定程度上缓解了企业的压力。二是对于经济繁荣、促进商品流通有重要意义,同时提供了繁荣第三产业的可能性。周银校在《集体经济改革初探》中指出:"厂办大集体促进了社会的安定团结,使广大人民有业可就,减少了社会压力;为社会提供了大量的小商品,繁荣了社会主义经济;发展了第三产业,增加了社会效益;为地方建设提供了资金;改变了我国单一的全民所有制经济结构。"[1]

而单位社会的不断扩张虽在短时间内取得了较好的成效,但也为其长期发展走向衰落埋下了隐患和伏笔。一方面,厂办大集体和子弟接班顶替制度不可避免地出现了国有企业"家族化""接班化",近亲繁殖的企业使单位人对于单位的价值相比之前大大下降,这也是导致国有企业危机的必然因素。Y厂退休职工说:"那会儿好多单位内职工的子女和知识青年纷纷回城,他们也想进入到国企里工作,但是国企里面岗位就那么多,就好比这里有10个苹果,但是有20个人想吃,这咋分呢?分给你吧,他不愿意,分给他吧,你这边肯定就会有意见,大家就会开始闹矛盾,就会不利于咱们这个社会建设。所以呢,就有领导人想到一个好主意,由咱们厂子再办

---

[1] 周银校.集体经济改革初探[M].沈阳:辽宁人民出版社,1989.

一个厂子,就相当于是咱们这个国有企业的附属品,把这部分人安排到这个厂子里,他呢,既不占咱们单位的岗位名额,说出去又是属于咱们这个厂子的,然后再有一部分人呢,就接班,接谁的班呢,就是家里的父辈可以选择退下来,然后孩子上去,这样的话也不占厂子里的名额,而且这些人的工作问题又能解决了。这个方案在刚开始的时候确实挺有效的,大家其实也知道不可能所有人都能够进入到国企中去,这种折中的法子确实能解决很大一部分回城青年的就业问题。但是这个也导致一个非常明显的问题,外面就有人说咱们这个国企是家族制的了,老子退了,小子上,其他人都没法进去啊。然后那个厂办大集体后面许多问题也出来了,这些问题一日不解决,只会越来越拖垮整个厂子。"[1]另一方面,厂办大集体的制度保障缺失成为单位制度走向消解的助推力量,它不是真正意义上的集体经济,而是依附于国有工厂的附属物。单位社会在短时间内的扩张导致了其闭锁的现代性。一位Y厂在职职工说:"其实这个厂办大集体究竟是什么性质的厂子,它的这个定义本身就是很有争议的啊,它本身就是原来国企自己拿钱出来或者国企出面去贷款啦、所有职工一起集资办起来的厂子,这里面的很多资产都是分不清的,所以后期双方在一些资产的理清上也是有很多矛盾的地方。另外,这个厂办大集体和国企最大的矛盾就是他们这个职工的福利、待遇是不一样的,但是对于当时的厂办大集体的职工来说,厂办大集体和国有企业就是叫法不一样,那会儿混合经营、混岗就业的现象特别多,但是到了企业改制的时候,这个厂办大集体的职工和国企的职工就出现明显的区别了,包括补偿金、安置费都是不一样的,厂办大集体的职工肯定心里不平衡了,那会儿厂办大集体和国企之间的矛盾就越发尖锐了,其实这也属于历史遗留问题吧。"[2]

具有社会主义优越性的单位组织本该在扩张与延续后得到迅速发展,但却由于接班顶替制度、"企业办社会"制度等不符合时代发展和单位发展进程的伦理结构,导致单位社会在后续发展过程中的削弱。尤其是进入市

---

[1] Y厂职工访谈(2020).
[2] Y厂职工访谈(2020).

第六章 单位纸媒的多元探索(1992年—至今)

场经济后,单位社会固有的闭锁性,使组织内生动力不足,面临外生性发展失去竞争力,企业的改制已经成为一种必然趋势。Y厂厂报1999年6月11日刊登了"下岗再就业,你准备好了嘛?""安置渠道:实施再就业的关键所在"的内容,在这两个报道中就安置就业做出了明确的答复:"能否全面启动再就业工程,关键在于开辟再就业的渠道,而解决不了的人往哪里去的问题,下岗职工将无法再就业,企业改革的其他措施也难以落实。尤其面对当前国家和Y厂的严峻形势,如何开辟再就业渠道、挖掘再就业岗位,都将变得比以往更加艰难。今年集团将采取的主要措施是:一、实业总公司依然是安置下岗职工的主渠道,尽管目前实业总公司也很艰难,但所属的经营性实体,在公司政策和资金扶持下,最大限度地挖掘安置潜力,每年可接纳部分下岗职工;二、清理清退外来劳动力,腾出新的岗位安排下岗职工,人事部门将利用有关政策督促下岗职工上发包工岗位;三、组织下岗职工承担集体劳务项目,再就业中心可以组织下岗职工在集团公司内承担集团劳务项目,有季节性劳务项目,也有常年性劳务项目,下岗职工可通过完成劳务项目获得劳动报酬;四、鼓励下岗职工自谋职业,这已是下岗职工实现再就业的重要途径。到目前为止,公司已经有近1500名下岗职工在领到一定的扶持费的情况下,办理了自谋职业手续,靠自身的能力走出了一条自我创业的新路,实现了自我价值。今年仍将作为重要渠道,依靠去年市场优惠政策,鼓励更多的下岗职工到市场中去寻找新的就业门路;五、在集团公司内部进行余缺调剂。由于产品调整和产量的上下浮动,公司各成本生产经营单位将不断出现人员余缺,再就业服务中心将根据用人单位需求,优先对进入中心的下岗职工进行余缺调剂;六、再就业服务中心将根据工作需要或下岗职工要求,积极组织下岗职工进行转岗再就业培训,提高其就业能力,为实现再就业奠定自身的素质基础;七、充分依靠社会力量安置下岗职工再就业。服务中心将与省市政府就业行政部门和劳动力人力市场取得联系,沟通信息,鼓励引导职工走向社会,实现再就业。"

在"父爱式集体主义"下的温情呵护,单位组织的优越性变成了滞后性。以Y厂为例,作为"共和国长子"的Y厂从建厂之初就一直享有各种荣誉、关照和呵护,形成了"生于斯、长于斯"的依恋情怀。这种情怀也导致了Y厂在进行企业改制时面临种种困境,如何在没有"父爱关照"的情况下完成"企业办社会"改造和换型改造,这是Y厂最需解决的问题。值得高兴的是,Y厂并没有辜负国家和单位人对它的期待,顺利完成了换型改造,尤其在"企业办社会"改造过程中,全部子公司的市场化推进并没有依赖政府,而是实现了企业内部的消化与转型。1999年6月16日的Y厂集团报纸刊登了"车厢厂党委为企业改革护航"的内容:"在当前企业进行人事制度、工资制度等一系列改革中,党委如何为其护航已成为基层党委的首要任务。车厢厂党委通过探索总结出'淡化焦点、解决热点、降压减负、活血化瘀'的新鲜经验。"不仅仅为企业改革顺利进行起到保障作用,还为企业党建工作创造出新路。压编减员是当前企业改革的重点之一,同时也是职工关心的焦点。其中最敏感的问题就是如何处理在册不在岗的职工,因为这部分人占该厂职工总数的6%左右。厂党委敏锐地认识到,不彻底解决这一问题,势必给企业人事制度的改革带来负影响。于是,厂党委组织不同层次的座谈会,确定减员重点,向有班不上的人开刀。同时,通过宣传教育,职工代表全过程参与,对在册不在岗的人员分期分批、分门别类地进行了处理。报纸中举例说:"据六月中旬统计,有个厂已公开处理46名在册不在岗的职工,保证了压编减员工作的顺利进行,在工作中厂党委注意到,紧紧抓住职工关心的焦点还不够,还要抓住涉及职工切身利益的热点问题,其中职工怨言较大的就是奖金分配问题。于是,党委及时组织纪委、人事、计财、工会、职工代表对基层奖金分配情况进行多次检查和专项检查,对违反规定的给予下岗处理。据了解,前一年该厂对奖金分配不合理的三名车间主任做了免职处理。前一段时间,厂里出现了生产部满负荷的情况,职工满腹牢骚,自己没活儿干,还把活儿往外委。为了稳定职工情绪,该厂党委立即组织有关部门收回外委,解决吃不饱的问题。几年来,车厢厂党委始终把工作的着力点放在'淡化焦点、解决热点、降压减负、活血化瘀'上,从而保证了该厂改革的顺利进行。"Y厂厂报通过

第六章 单位纸媒的多元探索(1992年—至今)

引用其他工厂的案例为其改革进行铺垫。

20世纪90年代，Y厂开始走合资道路。合作深化的过程是企业自主加快的过程，从合资合作到自主开发，从苦心学习到不断突破，Y厂的合资公司走过了一条艰辛的蜕变之路，Y厂人海纳百川，不断超越，走出了中国的合资汽车之路，并开始在中国汽车产业由大到强中承担更多责任。在Y厂集团报1999年6月23日的报纸中刊登出关于合资的相关信息，"合资企业签订集体合同势在必行"。报道中指出："Y厂外商投资企业工会联合会6月15日举办Y厂外商投资企业签订集体合同专题研讨会。这期研讨班的主题是'深入贯彻劳动法，全面推进Y厂外商投资企业平等协商和集体合同制度的建立'。C市外商投资企业工会联合会副主席郭鼎立、Y厂外商投资企业工会联合会主席戴秀梅出席并讲话，市总工会基层工作部王宏斌部长进行了专题辅导。Y厂卡凯尔海斯、杰克赛尔、光洋转向装置等单位介绍了工作经验，与会同志围绕集体合同签订工作的重点、难点问题进行了专题讨论。通过交流和研讨，普遍认为，外商投资企业签订集体合同，是调节劳动关系、依法维护职工合法权益、促进企业经济发展的重要形式和手段，对于促进和改善企业经营管理，保障职工主人翁地位，调动职工和经营者积极性，共谋企业发展，都具有十分重要的意义。"Y厂在这一时期积极与外资进行交流，希望将合资道路越走越宽，也让Y厂未来的发展道路越发宽阔。在Y厂集团报1999年6月25日的刊期中，刊登出了美国TRW公司高级代表团访问Y厂的内容："Y厂集团公司总经理竺延风在公司接待室与客人进行了亲切交谈。他向客人介绍了Y厂的发展历史及产品格局，对双方投资组建的Y厂——凯尔海斯公司的经营情况给予了充分肯定。他指出，目前世界上有许多著名的大公司与Y厂有合作项目，绝大部分都很成功，对提高Y厂的市场竞争力起到了积极作用。他希望美国TRW汽车公司在继续支持合资企业的基础上，加大在Y厂的投资力度。约翰·普朗特副总裁说：'Y厂凯尔海斯项目增强了TRW汽车公司在Y厂的投资信心，使双方能进一步加强合作成为可能'。他祝愿Y厂在今后的发展中不断提高产品市场竞争力，积极参与国际汽车市场的竞争。"

这进一步说明 Y 厂合资之路的成功所在。

时任 Y 厂集团总公司经理竺延风在接受采访时表示："Y 厂不怕入市，中国的入市给国内汽车企业带来了机遇和挑战，面对入世的冲击，我们 Y 厂不怕，无论 WTO 早来，还是晚来，中国的市场都要加入全球化经济当中，只是 WTO 在客观上给我们企业施加了一些压力，迫使我们不得不尽快地适应。尤其是 Y 厂的卡车和轿车。Y 厂的卡车，是指中型车和重型车，从 3 吨车到 30 吨车，年产在 13 万辆左右。这个数字在世界卡车领域是个不小的规模了，因此从市场自身条件看是非常有利的，现在卡车的市场占有率基本上达到 50% 以上。中国的经济水平是逐步提高的，现在经济发展对于卡车技术质量价格成本的要求，我们基本都能够满足，给我们带来的条件是相对有利的。目前国际上的卡车技术比我们高，这些公司的资本实力也都比我们强，但他们的卡车价格在中国现实的经济阶段，市场是不容易接受的。这种影响会促使我们卡车技术性能品质提高的速度加快，短时期内不会给卡车市场带来太大的影响。对于 Y 厂的轿车，我们主要是与德国大众合资生产的产品，一个是 A 级平台的捷达和宝莱，这个平台车市场需求量最大，另外生产 C 级车奥迪 A6，这两个都是国际化产品，现在的价格与国际有很大差距，这个差距不仅仅是制造业上的价格差，而且是现在中国汽车整个消费环境的价格差，不仅仅是厂家制造价格就那么高，还是许多因素和环节形成的这样一个价格差。随着加入 WTO 后，消费政策的国际化接轨，许多非制造环节的价格也要接轨，加入 WTO 前中国市场合资生产轿车的不只是德国大众一家，其他国家也会与中国有关企业合作生产，实际上已经是国际化了，逼迫国际化的厂家互相竞争。对制造厂家来说，主要是国内的零部件配套，这部分由于和世界比不是一个大规模的，不是一个平台。新的结构可能会受到影响和挑战，但对于整车，特别是 A 级车，一定会是在制造地范围内的竞争，不会是从遥远的地方运过来，作为高档车，可能大家觉得运来比当地生产更便宜一些。"[①]2002 年

---

① Y 厂建厂六十周年纪录片(2005).

5月15日，总第6658期Y厂集团报名为"用户连着你、我、他"的报道，开启了企业面向市场经济发展需求的重要篇章。报道中记载道："前不久一辆解放牌卡车发生故障，抛锚在青藏高原，车上人员忍受着饥饿寒冷，随时都有被剥夺生命的危险，紧急关头是Y厂救援队伍及时赶到，并迅速排除了故障，持续得到了用户的高度评价。然而事过之后，也有一些东西应当引起我们的深思，作为一名Y厂人，当我们看到路边因发生故障不能行走的Y厂生产的汽车时，心中应有一种深深的自责，这辆车发生的问题，很可能就是由你、我、他一时的粗心大意而造成的。如果我们每一名员工在工作时多一分认真，少一点粗心，我们的用户就会多一些微笑，少一些烦恼，出现问题后亡羊补牢固然重要，但未雨绸缪更为重要。为了我们的用户，为了企业的信誉，我们应该干好自己的活，把好自己的关，不让一件有问题的零件从自己手中流过，如果我们每个人都能从自身做起，从现在做起，从一点一滴做起，那么用户第一的经营理念，就会在每名员工的头脑中生根，就会成为每一个Y厂人的自觉实践，相信通过我们的努力，那种出现问题的救助式服务和亡羊补牢的案例会越来越少。"

二、单位纸媒与社会的互构

（一）单位纸媒的权威地位

单位纸媒作为单位的唯一官方"喉舌"，其代表了单位对于纸媒地位的认可和肯定，而纸媒报道则被单位赋予了具有权威性的话语权。Y厂集团报在1999年6月9日刊登出标题为"十一名女工当选'袁丽颖式干精品、降成本标兵'"的报道："面对严峻的市场挑战，今年集团公司提出了以效益为中心的工厂方针。年初，公司工会女职工委员会在全体女职工中广泛开展了'干精品、降成本、拣芝麻巾帼建功创效益'的竞赛活动，并号召姐妹们以袁丽颖为榜样，爱岗敬业，奋力拼搏，为企业的生存与发展建功立业。广大女职工积极响应号召，针对影响整车质量的问题立项攻关，围绕降成本工作，为企业创效益。一至五月份，共立项七十四项，实现经济效益6286492.2元。目前，经过层层评选，在此次竞赛中表现突出的变速箱厂陈玉霞，制辽泵厂于丽君，二发厂孙晓锐、孙秀铃，工具厂王春梅及吉轻厂李丽娜、底盘厂马馥、铸造厂刘秀云、专机厂宋艳辉、四环零件厂逯桂华、车身车架厂张艳等11名女工获得'袁丽颖式'干精品、降成本标兵。"在这一期报纸上还刊登了集团团委表彰的一批先进青年："实业总公司团委紧密配合企业中心任务，始终坚持抓重点、抓实施的工作方针，把为青年服务、全面提高青年素质作为工作的出发点和落脚点，积极组织团员青年发挥突击手和生力军的作用，先后开展了多种形式的优质服务竞赛、青年志愿者行动及健康向上的文体活动。在活动中，涌现出一批素质过硬、勤奋学习、勇于进取的青年人，吃苦耐劳、无私奉献的好青年徐东明，心系环卫、主动服务的好青年逄建，兢兢业业、潜心育人的好青年刘晓燕等十名同志被实业总公司团委命名为'98十佳青少年'，另外还有57个集体、180名个人受到表彰。"2002年7月29日在报纸上着重表彰了"168工程先锋班组"，报纸中指出："由公司工会和生产制造部联合开展的算细账、降成本争当'168工程先锋班组'竞赛活动，目前，已在欢庆建厂49周年和夺取半年销售汽车28万辆的欢呼声中张榜。铸造一厂四线三组、Y厂-大众公司电泳线KVP小组等24个先锋班组受到表彰。历时两个月的争当'168工程先锋班组'竞赛活动是为落实公司提高中重型卡车整体效益和竞争实力，以降成本的实际成果向建厂49周年献礼。公司所属各单位积极参赛，以'168工程'为主线，以推进群众性'四改进'KVP活动为切入点，动员全体员工全方位多渠道消除浪费、降低成本、增加效益，积极开展技术创新，并取得阶段性丰硕成果。在五六月份的竞赛期间，全公司共提出合理化建议六万八千六百一十一项，采纳两万五千一百三十四项，实现一万零五百六十二项，节创效益6336万元。"2002年8月26日以"追求创新的矫俊江"为标题进行了突出报道："矫俊江同志是铸模厂机修备件车间钳工班班长，在去年铸造公司青工技术比武中获得钳工组'青工状元'称号。为了多创产值，寻求效益增长点，机加车间承担了重型车平衡悬架钢板弹簧总成的加工制造任务。接到铣床夹具和钻床夹具的设计制造任务后，矫俊江抓紧一切有效时间，全身心投入到设计和制造中。由于白班车

第六章 单位纸媒的多元探索(1992年—至今)

间生产任务繁重,没时间调查资料、搞设计,他就利用晚上的时间翻阅相关文件,找资料和相关数据,并精心设计构图。在短短的时间里,他先后提出几套加工方案,并向领导和有经验的老师傅请教,确定出可行的方案,终于研制成功了一套定位准确、装卡方便的夹具,加快了生产速度,提高了生产效率。一年来,矫俊江同志在平凡的岗位上用自己的智慧和汗水搞改进,为生产经营解决了诸多难题,提合理化建议并被采纳、实施20多项,技术创新成果40余项,由他设计的轿车进气支架模板、哈尔滨轻型车专用速度表软轴接头钻孔系列夹具、轻型车进气连接管钻孔夹具、铸造一厂二线改用小车轴钻孔夹具、铸造二厂抛丸器轴承座钻孔胎具和特铸厂改造焙烧小车钻孔胎具等,在车间里得到广泛的应用,创造价值20多万元。"2003年4月23日,Y厂集团报以整版篇幅刊登了"Y厂五一勋章"提名入选者名单,并且将每一个提名者的事迹进行了详细的报道。2003年4月28日以标题"做知识性员工 建创造型班组 20名员工荣获'Y厂劳动奖章'"刊登出相关内容:"4月27日下午,集团公司在Y厂宾馆召开五一国际劳动节纪念大会。公司党委副书记、工会主席马振东出席会议并讲话。会上,集团公司工会常务副主席孙峰宣读了表彰决定,集团公司工会决定授予铸造公司、铸造模具设备厂机加一车间钳工矫俊江等20名同志'Y厂劳动奖章',命名解放公司车身厂内饰装配车间底部甲班等12个班组为'管理示范班组',何明庚等25名同志为'优秀职工代表',翟淑珍等39名同志为'优秀工会干部',张磊等32名同志为'优秀工会之友'。今年,公司工会改变了以往的评比方式,设置了单项工作奖,授予轿车公司、工会等五个单位'民主管理创新奖',铸造公司工会等五个单位'经济技术创新奖',动能分公司工会等五个单位'群众在我心中'活动工作奖,Y厂公司工会等五个单位获得'宣传文体工作奖',曾获得全国劳动模范和全国'五一'劳动奖章荣誉的张国良和李凯军为20位Y厂劳动奖章获得者颁奖。集团公司党委副书记、工会主席马振东向Y厂劳动奖章获得者表示祝贺,鼓励他们用智慧和汗水干好90万辆,和公司员工一起努力实现全年经营目标。"2003年11月11日,Y厂集团报报道了"本报情牵救火英雄"的内容:"七十年代与陈岱山一起救过火的老英雄姜文学获得了 3000 元捐款。"Y 厂集团报对于英雄的肯定和关注不仅是表达了记者对于英雄的尊敬和爱戴,也体现了单位对于老英雄的认可和肯定。单位纸媒对上述典型人物的报道实质上是单位对做出突出贡献的单位人的一种特殊的外在表彰形式,所以单位人将其看作"官方的传声筒",肯定其在单位内的权威地位。

Y 厂纸媒的权威性赋予了其内容全面、专业以及深度的特征,推动单位人对单位纸媒报道内容的认可和重视。从创刊初期至当下,Y 厂充分利用纸媒扩大典型人物在单位内影响的辐射范围。随着单位人需求的转变,Y 厂单位纸媒报道的内容也发生变化,这不只是代表传媒载体意识形态内容的转变,更是官方意识形态转变的具体表现。例如,2004 年 8 月 27 日,Y 厂集团报标题为"路边烧烤为何难治理?"的内容,引发了单位人的关注。与此同时,Y 厂集团报 4 版开辟专版从各个角度细说社会问题,关注社区生活、奇闻趣事、家长里短的是非对错。2010 年 6 月 8 日总第 7513 期 Y 厂集团报题为"汽车区千余名考生参加高考"的报道刊登在生活版面,报道中记载:"2010 年 6 月 7 日上午汽车区 1194 名考生以饱满的精神状态参加高考,今年汽车区报名参加高考的人数为 1194 人,文科为 450 人,理科为 744 人,多次承担重大考试任务的一中、九中作为高考考点。汽车区共设 43 个考场,文科考点 16 个考场,理科考点是 27 个考场。高考期间,汽车区相关部门各司其职,为高考工作提供最大的支持。教育局在加强试卷保密工作、考务管理工作之外,进一步强化服务意识,为考生及时做好各项服务工作,针对听力、肢体残疾,以及患有疾病的考生开辟了绿色通道,为考生提供特殊照顾和关怀。由于夏季炎热,汽车区教育局还在各考场为考生准备了毛巾、饮用水,以及一些预防中暑的日常用品。各个考点都安排了 120 值班专车。设立急救绿色通道和特殊考场,随时做好应急准备。据悉,今年高考为期三天,从 6 月 7 日上午九点第一科语文开始,到 6 月 9 日中午十一点半英语考试结束。本报记者代表全体 Y 厂人员祝愿广大考生发挥真实水平,考出优良成绩。"2010 年 7 月 13 日的一篇"16 工作站爱心救助病困居民"的内容记载道:"2008 年秋,第 16 工作站所辖街区原综合

第六章 单位纸媒的多元探索（1992年—至今）

厂退休人员姜权曾因血管病截去了右腿。两个儿子都没有正式工作，爱人靠拾破烂来给他治病。这件事在40街区传开了，同住在一个楼栋的邻居给他们家送去换季的衣服，工作站党支部委员为他们家送去支委们凑钱买的米面，孙桂凤亲手织成单腿毛裤送给姜权。工作站向汶川地震捐款之后，又号召工作站退休党员骨干为姜权捐款1700多元，缓解燃眉之急，七月七日离退部第十六工作站召开了一个党支委专题会议'我们拿什么来帮助他'。工作站站长范友清在会议上介绍了他们到医院看望姜权被疾病折磨的情景，介绍了他们家为给姜权治病准备卖掉现住房的想法，党员孙桂凤汇报了她在'一帮一'解难中陪同姜权家属前往医院治病的整个过程。我们怎么来帮助他一把呢？党支委活动组长骨干们一致认为姜权得病截肢遭罪痛苦，我们同样心痛。姜权是我们的邻居，是我们的工友，是Y厂人。我们应该帮，我们几个骨干为他捐点钱吧，会议结束，支委、活动组长纷纷解囊相助，捐款1150元。尽管1150元对于治疗大病属于杯水车薪，但是党组织的关心，Y厂人的爱心都融在里面，对于病人及家属是一种精神安慰。愿这种安慰能帮助姜权树立战胜病魔的信心。"单位纸媒对此类事件的发声推动了事情的解决，进一步证实了单位纸媒在单位内的权威地位。此外，单位纸媒这一版面的出现将解决单位人的困难、关照单位内的社会问题作为重点报道内容，也进一步拉近了单位与单位人的关系，促使单位和单位人之间的良性互动。

此外，关注Y厂发展的不仅是Y厂集团报，中央权威传媒对于Y厂的关注也体现了官方纸媒在国家和组织中的权威地位，2010年5月11日总第7505期Y厂集团报记载了央视记者专访Y厂总经理徐建一的报道。中央电视台《中央论坛》《董倩面对面》《新闻1+1》栏目主持人董倩，新闻评论部编导《跨越中国制造》总导演、资深电视人彭红军专程来到了Y厂。在书记助理钟立秋的陪同下，对集团公司许健一总经理进行了长达两小时的专访。在沟通采访中，主持人董倩提出了很深入的问题，如"作为国字号企业，Y厂这样的央企怎样体现核心作用？作为中国最好的汽车企业之一，Y厂具备了怎样的更好的自主能力？如何解读Y厂的品牌战略？怎样看待中国汽车业的发展？怎样缩短 Y 厂的体系能力差距？通过合资合作得到的最大收获是什么？丰田汽车的召回事件对 Y 厂的警示作用有哪些？"等问题。对于这些问题，徐建一在回答中强调："Y 厂所承担的政治责任、经济责任和社会责任都与其他企业不同，作为"共和国长子"它所承担的责任是不可推卸、不可怠慢的，也是不得不面对的，企业的愿景是坚持用户第一，尊重员工价值，保障股东利益，促进社会和谐努力建设，具有国际竞争力的自主 Y 厂、实力 Y 厂、和谐 Y 厂，Y 厂集团在科学发展观的引领下，如何降低成本，引进技术，学习先进，树立品牌，打造体系，自主创新，等等，根据中央加快经济增长方式转变的要求，积极谋划用心经营通过三年两改观，促进企业又好又快地发展。"近 70 年来，Y 厂集团报与 Y 厂人休戚与共，伴随着几代 Y 厂人共同走过了火热的三次创业和建设的每一段光辉岁月，可以说单位纸媒承载了 Y 厂近 70 年的分量和厚重，见证了 Y 厂 70 年的风云激荡、岁月如歌的历程。在 Y 厂集团报近 70 年的发展历程中，单位纸媒对于 Y 厂时事热点、新闻纪要、社会问题的关照和关注真实地记录和反映了企业成长和发展的每个瞬间，同时也把 Y 厂的生产经营理念和方针，及时传达给广大单位人，努力传播，并实践单位文化，为促进单位发展和单位人队伍建设发挥了重要作用。回顾过去近 70 年，在 Y 厂历史发展的重要时刻总是能看到 Y 厂集团报的身影，Y 厂集团报作为集团声音的舆论导向，与单位人共同见证了 Y 厂的发展，激发 Y 厂单位人的昂扬斗志。媒体虽不是物质生产力的直接创造者，但它可以通过舆论导向，引导转换释放出生产力，因此，Y 厂集团报紧密围绕 Y 厂集团的工作中心，探索新闻改革的道路，追求舆论导向和专业报道的完美，结合 Y 厂集团报恪守"发挥作用，为外场服务，引导舆论与车城同行"的办报宗旨，及时传播了 Y 厂历史发展的重要时刻。

(二)单位纸媒的功能分离

在单位社会的发展过程中，"企业办社会"在计划经济时期早有历史传统。国有企业追求"大而全、小而非，代替政府兴办托儿所、幼儿园、学校、医院，有的还有公、检、法等社会职能机构，企业生活和生产并存，

第六章 单位纸媒的多元探索（1992年—至今）

自办供水、供电、供暖等社会公益基础设施，强化了企业的社会化功能，弱化了政府提供公共性服务的作用"①。

进入到20世纪90年代，"企业办社会"的形式已不再适用于企业发展，逐渐成为企业发展的包袱和负担。一方面是冗余的劳动力导致企业开支过大，另一方面子女接班制后的厂办大集体失去了有效的管理机制。面对"企业办社会"的沉重负担，Y厂并没将这份责任全部推向社会，而是走上了企业转型的道路。将很多承载着社会功能的企业子公司从总企业中分离出来，扶持企业走独立核算、自负盈亏、自主经营的道路。1999年9月22日，党的十五届四中全会通过了《中共中央关于国有企业改革与发展若干重大问题的决定》，该决定中明确提出："分离企业办社会的职能，切实减轻国有企业的社会负担。位于城市的企业，要逐步把所创办的学校、医院和其他社会服务机构移交地方政府统筹管理，所需要的费用可在一定期限内由企业和政府共同承担，并逐步过渡由政府承担，有些可以转为企业化经营。独立工矿区也要努力创造条件，实现社会服务机制与企业分离。各级政府要采取措施积极推进这项工作。"②

改制过程中，单位将"企业办社会"所产生的子公司分离出来，功能被分割为生产功能和生活功能，但是单位纸媒与其他子公司的面向不同，它的面向主体并非市场，而是继续面向单位内部。没有改制压力的单位纸媒并未停滞不前，在坚持原有的宣传和动员功能的基础上，纸媒开始谋划自身发展，进行了创新内容、增设板块等尝试。Y厂厂报通过对集团或子公司进行报道，提高了厂报的影响力和收益。2005年，在Y厂成立50年之际，时任Y厂集团报刊社社长王兵表示："媒体不是物质生产力的直接创造者，但是它可以通过舆论引导转换、释放出生产力。"③Y厂厂报之所以拥有绝对的权威地位，首先，它作为Y厂的机关报是具有唯一性的官方发声；其次，Y厂厂报自Y厂建成以来，记录和见证了Y厂的成长与风雨

---

① 国务院国资委.探索与研究：国有资产监管和国有企业改革报告研究(2020)[M].北京：中国经济出版社，2011.
② 张卓元，郑杭生.中国国有企业改革30年回顾与展望[M].北京：人民出版社，2000.
③ 王兵，第Y厂车集团报(1955—2005).

历程,这些记录并不是简单机械地信手拈来和随意而为,而是单位纸媒人经过专业评判后呈现的真实影像;最后,除却官方赋予单位纸媒的权威地位外,单位纸媒在单位人中的公信力和欢迎度决定了单位纸媒所报道的内容、宣传的文化、倡导的理念能够受到单位人的青睐和拥戴。

(三)单位纸媒多元探索阶段的典型塑造与讨论

结束了计划经济,中国进入了经济体制转轨的重要时刻,大型国有企业Y厂作为赶超发展战略的执行者和示范者,被列在改制试点名单之首。这次试点工作要实现从国有独资的单一投资主体向多元主体投资的转变,从大型国有企业政府车间向市场经济微观主体的转变。对于Y厂来说,这次变革所面临的不仅是企业体制转轨带来的利益纠葛,还要应对改革所带来的观念碰撞和思想交锋,需要更深层次的攻坚克难。

Y厂选址在C市的西南荒郊上,全国各地的职工举家搬迁来此,形成了集教育、医疗、基础服务等为一体的综合单位。截止到1992年,Y厂从事基层服务事业的工作人员有4万人,每年在社会服务事业的支出约四万亿,为职工及家属提供便利的同时,也给企业带来了巨大的经济压力,成为企业战略性负担。将这些事业单位直接退给政府会增加政府的负担,直接推向社会又很难生存,于是,Y厂选择走内部消化和"企业办社会"相结合的道路。新制度的推行,必定要有"第一个吃螃蟹的人",厂领导将目光再次锁定到典型身上。Y厂鼓励职工进入"绿区人才"梯队,[①] 享有和高级人事经理一样的待遇,为职工制定了工资分配制度、保险制度、用工制度、薪酬制度,鼓励职工晋升。一时间,Y厂涌现出了一批穿着蓝色车间工作服,但是开着企业为其配置的小轿车的工人。2005年2月6日,Y厂集团报标题为"23名劳模喜获威乐、威姿轿车"的报道,掀起了Y厂舆论热议的浪潮,报道中指出:"劳动模范是最可爱的人,为百万辆做出杰出贡献的劳模更加可爱。"这些典型成了Y厂改革浪潮中的"弄潮儿",被称为

---

① 绿区人才:非领导职务,高层次人才评聘办法,因其在多媒体各类人才结构图上呈绿色,被称为绿区人才,"绿区"内包含3个等级:一级管理师、设计(工艺)师、操作师;二级管理师、设计(工艺)师、操作师;三级管理师、设计(工艺)师、操作师,各层次人才在工资待遇上分别与公司总经理、高级经理、二级经理同等。

第六章 单位纸媒的多元探索(1992年—至今)

"小猴子",在离开"老猴子"的庇护后独立生存,成为全厂学习的榜样和企业改革的精神支撑。2017年11月28日总第8233期标题为"'李放服务队'助企业降本增效"的报道展现了这一时期Y厂对于典型的塑造与期待,报道中记载:"随着寒冬来临,铸造一厂又迎来了新的供暖期,由于老厂各部门人员已陆续搬迁到新厂工作,自主供暖范围逐步扩大,降低能源使用成本成为生产保障的一项严峻挑战。'李放服务队'供热动力组小分队针对当时供暖能耗与使用成本进行了细致的测算和分析,并召开专题研讨会进行立项公关,通过数据分析,他们发现燃气锅炉设定温度为50摄氏度时,供水温度可以保持在50摄氏度,但经过热量散发和消耗后,锅炉的回水温度在45摄氏度至48摄氏度左右,进入锅炉后会降低整体锅炉温度,锅炉会立即工作消耗能源。攻关小组查找了大量资料,最终确定,通过板式换热器进行余热回收的方式,提高回水管温度。此外,管路的改造和重新焊接也是工作难点,为了不影响厂区供暖,'李放服务队'青年连夜加班加点,仅用15天左右的时间就顺利完成了改造任务。改造后,预计全年可降低能耗成本44万元,本次改造项目的顺利完成,充分体现了铸造一厂青年典型担责有为的优良传统,'李放服务队'一直以服务企业、服务员工为宗旨,为铸造一厂降低生产经营成本,促进完成全年经营指标贡献智慧和汗水。"2004年12月总第6959期标题为"志愿者张玉芬照顾孤寡老人一年半的"的报道,则体现了企业对于好人、爱心人士模范典型的推崇。报道中记载了:"近日,78岁的孤寡老人施秀兰病重,但是她的心里却很有'底儿',因为她虽然病了,无儿无女,但每天离退休管理部第四工作站的志愿者张玉芬都会来照顾她。来到孤寡老人家时,记者发现张玉芬正在细心地为施秀兰喂药,记者发现施秀兰家里干净整洁。施秀兰虽然喘气都很困难,但她还是艰难地动了动身子,用含糊不清的声音和记者说了很多激动的话:'张玉芬天天都来帮我收拾房间,还送来可口的饭菜,她就像我的亲生女儿一样。要是没有她的帮助,我活不到今天,我非常感谢她,非常感谢工作站,感谢社会,感谢Y厂。你看,这就是今天早上她给我送来的早饭。'说着施秀兰指了指放在床边的没有吃完的早饭。施秀兰的老伴去年去世了，她就没有其他亲人了，不幸的是施秀兰在一场意外事故中骨折。这件事被第四工作站的志愿者们知道了，他们就分组来照顾他，其中，张玉芬对施秀兰特别照顾，天天都来看望施秀兰，还自己掏钱买了红花油和各种消炎药，自然而然地就成了施秀兰的专职护理员。去年寒冬的一天，天都很晚了，施秀兰在家病情严重，张玉芬立刻赶过去，走了好远的路为施秀兰买药，直到施秀兰有点好转才离开。很多人对张玉芬的行为表示不理解，但张玉芬告诉记者：'我只是从道德的角度出发，作为一个Y厂人，能为孤寡老人做好事是应该的，这样也可以为社会、为国家减轻负担，同时也为社会献爱心，尽自己一份力量。'"像"李放服务队"和张玉芬这样的工作能人、好人成为这一时期Y厂的典型代表。

伴随着时代的发展、国家战略的调整，Y厂作为大型国有企业对于典型的形塑动因也不断变化，如果说Y厂的成长是一首波澜壮阔的史诗，那么典型就是当之无愧的闪亮华章，展演着国家和单位对典型的形塑样态和利益站位。

第七章　单位纸媒的未来与启示

一、单位共同体与单位纸媒的未来

伴随着市场经济的发展和新传媒的丰富，单位共同体和单位纸媒是否会退出历史舞台？如果说单位共同体和单位纸媒并不符合时代发展需求，那为何以"后单位社会"为代表的单位共同体会重回社会视野？为何单位纸媒仍然是单位人进行官方发声的首选途径？为何单位纸媒仍然存续？毫无疑问的是，单位共同体与单位纸媒的未来是变革的过程，单位共同体的内在局限性注定了单位纸媒随国家、社会的变迁而跌宕起伏，而"后单位社会"时代的共同体的重新回归并不是制度的简单平移，而是经历时间洗礼的变革。

（一）单位纸媒的改革创新与组织秩序重构

美国社会学家杜赞奇在其著作《文化、权力与国家：1990—1942年的华北农村》一书中提出了"权力的文化网络"这一概念。他将国家政权建设和权力的文化网络相连接，认为巩固国家政权必不可少的环节是建立权力的文化网络，而文化网络的构成可从两方面进行解读。一方面是就单位而言，文化网络是单位对单位人思想意识、价值观念和行为方式的统治。在功能主义论看来，共同的象征符号包括思想意识，价值观念和行为方式，单位文化网络是单位人共同的象征符号，是单位社会对于单位人权威地位的体现。另一方面是单位人为了效忠于权威个体或权威组织，而选择增加自己的象征符号来缩短个体与单位、国家的距离。在功能主义理论看来，对于单位文化的认同是个体立场表达、获得资源再分配的一种方式。伴随着互联网行业的发展，新型传媒方式方兴未艾，在人人自媒体的时代，读报纸的习惯成了现代人"嗤之以鼻"的信息获取方式。但与传统纸媒不同的是，单位纸媒兼具传媒功能和单位功能，要想探究单位纸媒的创新和生存之路，必须从组织秩序重构入手，打破原有的单位组织秩序是单位纸媒谋求生存和创新的前提。而在此过程中要坚持新闻不等于真相的原则："对特定事物的主观解释，掌握权力的人往往也掌握比别人多得多的真相，他们在制造拟态环境的时候，更趋向于有利于自己的选择。追求公意是任何文化生存的根本，公意必须存在，否则社会就会分崩离析，这不仅是权力精英的利益诉求，也是大众的心理诉求，大众需要'公意'具有一个可感可触的物质性，于是民选领袖就诞生了。而领袖通过为象征符号赋予意义来彰显民意。"[1]

(二)单位共同体在城市治理中的回应

单位共同体作为一种理想的社会建构方案，无论是在计划经济时期还是在市场经济时期，都是实现求存图强的国家理想和个体幸福生活的美好途径。虽然进入到市场经济蓬勃发展时期，单位制的概念由原有的单位组织转向社区制，但共同体的内涵不变。伴随着市场经济的发展，社会"原子化"趋向使全球各界对于新公共性的需要呼声高涨，但随着单位组织的企业化转型，"企业办社会"的功能逐渐向市场转移，早期单位社会集合生产与生活的空间格局逐步被打破，单位社会不再是单位人生产与生活的重合空间，越来越多的单位人走出单位，成为"社会人"，这大大增加了国家和单位对于个体的治理难度和行政风险。而具有共同体特征的城市社区则成为实现对"社会人"有效管理和服务的新型组织形式。城市社区的出现弥补了单位社会对于单位人管理和服务的不足，同时也填充了单位社会触及不到的"社会人"在管理和服务方面的空缺。但是值得注意的是，"父爱主

---

[1] 杜赞奇.文化、权力与国家：1900—1942年的华北农村[M].王福明，译.南京：江苏人民出版社，1995.

义"形式下的单位社区有可能增加个体惰性，基层治理若像大集体时期对于"社会人"在生活救助、精神慰藉等全方面"一锅端"，也将如同"企业办社会"一样，走向消亡。

二、单位典型塑造的运作逻辑

单位纸媒作为"非制度化"的权力执行与文化网罗[①]的单位载体，其核心目标是坚守统治者的舆论阵地，发挥动员作用。作为小团体社会的单位，"树典型"具备效果快、影响深的特点，因而成为实现组织动员、整合和控制单位人的有效途径被推广应用。皮埃尔·布迪厄用符号权力理论解释了这一行动，典型作为单位塑造的一种符号权力，是权威机构树立的道德和政治标准的象征，它仅仅是一种政治实践和权力技术的工具，不变的宗旨是将权威机构的意志在潜移默化中传播到民众中去。[②] 这一行动也因其宗旨不变，从发现、确认、培育到宣传的整个过程，在形塑逻辑上具备复制性，被视作是一种通过角色塑造来实现权力网罗的"重复"行动。

尊、亲、孝、贤，自古以来就是政治文化所追求的不朽人格，但权威制度文化对典型人物的塑造途径又不能通过制度化的方式规定人格。单位纸媒作为具有单位内部话语权威的官方媒介，是典型塑造的重要途径。单位纸媒具备两方面优势：一是传媒优势，一五计划期间，报纸作为传播的最主要媒介，具有绝对的优势，在那个全民看报的时代，纸媒基本上是唯一的传媒工具，因此纸媒上的报道更具有传播效力；二是政治优势，单位纸媒作为体制内的官方发声，更具有权威性和信服度，单位纸媒作为"软文化"填补了制度化权力的不足，其对于典型的塑造与报道是政治文化执行的"非制度化"实践，同时单位对典型的形塑样态、形塑路径也展现了单位对于单位人的期待，树立有利于单位发展的典型，实则是单位进行文化网罗的手段，而具备绝对话语权和权威性的单位纸媒则成为达到这一目的

---

① 网罗：动词.
② Pierre Bourdieu. Language and Symbolic Power[M]. Cambridge: Harvard University Press, 1988.

的最佳工具。

单位典型的塑造样态及其与组织和个人的关系一直是社会学关注的重点议题。值得关注的是，Y厂的典型塑造在Y厂筹建至今都有完整的历史呈现，单位典型与Y厂休戚与共，成为见证Y厂单位文化、制度变迁最直接的映射。Y厂建厂初期，单位的典型们迎难而上，在资本和技术双重匮乏的情况下，用一丝不苟的态度、百折不挠的奋斗和无怨无悔的奉献，将青春年华和创业历程镌刻在Y厂历史的卷首；虽然在换型时期波折不断，但Y厂对于典型的塑造不仅是中国经济转轨、社会转型的见证和深刻诠释，也是在新旧交替时刻思想与观念的解放，更是换型时期全厂的精神支柱和工作模范；在Y厂变革时期，从国有公司企业到饱经风浪、勇立潮头的市场主体，典型们一次次勇敢尝试，交出了令单位和自己满意的答卷；在Y厂发展时期，典型们与市场经济同行锲而不舍，与富强伟业同步坚韧不拔，不仅是企业的经典记忆，也是国家历史的不朽篇章。这些典型的塑造不仅展现了单位所形塑的典型样态，也在典型自上而下的形塑和自下而上的交涉中形成了独特的话语和实践，成为国有工厂宣传政治意识、实现企业利益的承载者。

（一）角色塑造与权力网罗：典型"复制"的逻辑建构

费孝通先生将中国的社会关系模式称之为"差序格局"，这种模式的制度安排和权力运作以血缘关系和地缘关系为基础，德治成为这一模式下社会治理最有效的手段。单位社会的治理更新了传统社会"法先王"的治理理念,[①] 在传统德治基础上升级为"新德治"，通过塑造具有极高政治忠诚度的、无代价献身的"圣洁新人"来实现政治治理。

典型的发现阶段是个体能动的发挥阶段。首先要做到小范围内的民众认可，毛泽东曾提出："'模范'应该符合四条标准：无限忠心、联系群众、有独立的工作能力、遵守纪律。"[②] 对于典型来说则具体表现为对尊、亲、

---

① 法先王：先秦儒家的一种政治观念，意在效法古代圣明君王的言行、制度.
② 毛泽东.关于领导方法的若干问题,毛泽东选集（第三卷）[M].北京：人民出版社，1991：897-898.

第七章 单位纸媒的未来与启示

孝、贤的诠释，Y厂在确认典型时会对班组同事进行调查，在班组内得到"工作勤恳、为人随和、尊上贤下"等好口碑的民众评价，是被选作典型的基础。例如，Y厂劳模温恒德①，在无技术、零知识、残设备的情况下，带领100名锅炉工人克服困难，保障了建厂初期的热电问题，他苦干实干、无私奉献、带病工作，随时帮掉队工友顶上，几个月不回家的意志品格成为锅炉房里的佳话，也奠定了他成为劳模的群众基础。其次是典型与单位利益站位的高度吻合，这是典型树立的核心要素。冯仕政指出："树典型的重要目标是树立承载着政治意图和偏好的，同时又具有能见度的楷模和样板。"Y厂劳模"雷锋式工人李放"②的工作誓言是"要为党忘我工作，把一生奉献给党，全心全意为人民服务，毫不利己，专门利人"，这种无私奉献的精神品格正是企业所需要的，而典型在感召力、创新性等方面的优势，使其更容易实现组织动员的目标。

典型的确认阶段是权威话语的实践阶段。如果说典型发现阶段是群众对典型的合理性确认，那确认阶段则是通过权威话语对典型进行合法性的确认。较高权力领导人通过会见、赞扬、号召学习等方式对典型进行身份表征。在单位体制内，工人通过被班组长推荐、部门管理者同意、单位领导肯定，最后得到典型身份的确认。国家将政治权威或者是意识形态植入到领导人当中，层层选拔不仅代表着某一权威个体对典型的认可，也代表权威政治对典型的认同，同时也体现了更高一级领导人对下级的肯定。用布迪厄的场域理论来解释，则是单位通过资源分配，使单位领导人被赋予了场域内的权力，这种象征性权力意味着权威个人的话语代表了权威机构的意图，而越高级别领导的话语权因资源占有得越多，被赋予的权力越大，越能体现权威机构的意图。例如，Y厂工人李黄玺，他作为一名普通工人在北京接受了时任总书记江泽民亲手颁发的荣誉证书，成为"全国第

---

① 温恒德(1907—1966)：1953年调入Y厂，历任锅炉房主任，热力车间副主任，房产处副处长、处长。1955年、1957年被Y厂授予劳动模范称号，1953年、1955年、1957年被长春市政府授予市劳动模范称号，1956年、1958年被吉林省政府授予省模范管理人员、劳动模范称号，1956年被授予全国先进生产者称号。

② 李放(1951—1990)：1976年到Y厂参加工作，长春Y厂制造厂铸造分厂可造车间翻砂工人。

一模",国家领导人的接见和认可,代表典型得到了最高权威话语权的认定,这样的典型地位在单位内是轻易不会被动摇的。如果说典型的发现是自下而上的争取过程,那从典型的确认阶段起,包括培育和宣传阶段则都是自上而下的权威实践过程。

培育阶段是典型被赋能的过程。权威对于典型的期待往往是全方位的,但能够满足权威机构全部需求的典型却不常见。面对这一困境,权威组织通过重塑和培育为典型赋能。一方面,企业通过对典型形象的包装和重塑,重新解读其个人行为和相关事件,并根据企业需求赋予新的内涵,在普通工人中构建典型框架,将所包装的典型定义为"典型本该有的模型",从认知层面肯定企业所设定的典型,为发挥典型作用奠定群众基础;另一方面,企业通过表彰、奖励、提拔等形式对典型进行培育,使原本的普通工人通过成为典型在政治或经济上有所优待,突出企业所期待的典型样态能够在资源配置方面获得优势。冯仕政指出:"中国单位社会突出典型的办法是制造'谁当上了典型,谁就有可能获得一些好处'的场面。"Y厂通过给被确认为典型的普通工人配车、将工资待遇提高至与经理人持平等可见的物质奖励方式,使典型进入"绿区人才"序列,"绿区人才"所获得的资源优势,成为渴望获得资源分配优势的普通工人们自觉追随的目标。

典型的宣传阶段是掌握话语权的权威机构,通过媒介对典型进行宣传推广,将所形塑的典型模板及其代表的内涵在群众心中格式化,并在此过程中实现组织动员、政治宣传等目的。一方面,组织通过报道、表彰、上墙挂像和召开宣讲会、报告会等形式对典型进行宣传,如Y厂集团报用三整版刊发了"把'中国制造'刻进汽车的心脏"的长篇通讯,报道了劳模李俊勇[①]及其团队的典型事迹,通讯稿对李俊勇及团队人员、典型事迹进行介绍,并组织面向全厂的专题报告会和学习会,虽然这些宣传在形式上是对典型个人的报道和学习,而实际则是透过典型宣传对企业所期待的个体模型进行固化;另一方面,对典型资源的展示也是宣传的一部分,经过培育

---

① 李俊勇:Y厂技术中心总工程师。

第七章　单位纸媒的未来与启示

和赋能后的典型已经获得了资源上的优势，Y厂集团报整版报道了"23名劳模喜获轿车"，[①]并组织得到配车待遇的典型们开车绕厂，吸引汽车城道路两侧的职工驻足观看，典型前后的资源对比成为诱发想要获得实际好处的其他员工主动学习的动力。

（二）身份交涉与自我认同：典型"异化"的实现路径

单位对于典型塑造的目的始终是不变的，但是权威与个体在互动中充斥着矛盾与纠葛，构成了一种关系网，"这种关系网将个人的忠诚、制度角色的履行以及物质利益联系在一起"，这种关系网是单位正常运行不可或缺的机制。而已经形成网络的关系中，权威机构的"复制"行动不再发挥主导作用，个体进行身份交涉和自我认同的"异化"行动占据主要位置。典型在进行身份认同和角色互动时所面临的是与权威领导人和权威机构的双重交涉，典型与领导人、机构的关系，不是单纯的个人关系，也不是纯粹的公私关系，而是将公共的因素与私人的因素结合在一起，正如瓦尔德所说，"是将对一个组织和一种意识形态的公共效忠与对领导者的私人效忠连接在一起"。

典型与权威领导人的交涉是源于权威领导人对于典型的确认具有绝对的话语权。搞好与领导的关系，得到领导的认可成为典型身份交涉的基础，而奥一将这种存在于权威领导人和典型之间的关系称之为庇护主义关系。单位人被定义为典型后可以获得诸多特权，如提高薪资待遇、获得晋升机会、得到班组成员的信任等，这些利益的获得必须得到领导人的认可。只有得到班组长、部门管理者和集团领导的层层庇护，表现出对领导人的忠诚度，典型的身份才能获得权威话语的支持。典型想要得到权威领导人的庇护，既要为其所用，也要获得上级的情感认同。在工作上选择积极或消极的态度，使典型与普通工人形成了不同的社会区隔，班组长通过推举积极分子成为典型，一方面能够加快工作进度的推动，另一方面能够展现自己的工作成果，下属成为典型，对于领导来说是值得骄傲的。这种

[①]　Y厂集团报2005年2月6日刊．

骄傲与典型身份给人所带来的直接物质资源不同，对于班组长来说更多的是名誉、威望、机会的获得。上级对下级的"感情"也是下级是否能得到庇护的重要因素，上下级间的信任、肯定、感情好促成了从"同志关系"到"朋友关系"的转变。在傅高义看来，这是一种特殊的人际关系和道德标准，瓦尔德则称之为"目标培养"式的关系。在这种关系中，积极分子想被推举为典型，就要展现对班组长的私人效忠，某种程度上，实现班组长的目标就是实现自己的目标，而对于班组长来说，推举与自己关系好的积极分子，既能帮助自己完成工作任务，也是突出政绩的手段，这种相互"帮忙"的朋友式关系比普通的同事关系更具有稳定性。在单位内部，基层工人之间，或者说同一级别、同一领域之间等横向关系中存在着利益冲突，属于竞争关系，实际上单位内部的权力庇护关系并不是单一象限存在的，而是根据权威领导人的不同领域，形成不同领域的庇护关系。在孙立平看来，"从社会结构的角度上来说，上下级之间的庇护主义关系的存在，具有一种分裂社会结构的单元的作用。在权力的文化网络中，保护体系是由复杂的非正式的小集团构成的，有别于其他的等级结构"[①]。

典型与权威机构进行的身份交涉，首要的追求是典型身份所带来的物质资源再分配的特权，如工资、待遇、晋升机会等稀缺的物质资源再分配，典型在工厂内的典型身份最直接的利益获得就是工资、待遇的提高。在 20 世纪七八十年代的大型国有工厂里，房屋分配有严苛的制度要求，在等级、工龄等方面的考量使工人很难分到房子，但是被确定为典型的职工却能够获得分房的绿色通道，打破原有制度，迅速拿到公房，这在大型国有工厂内，要比普通工人节省更多的时间。接下来要追求的则是典型身份所带来的精神资源，杨懋春指出，"物质资源向精神资源的过渡需要一个过程，即将自己的物质财富转化为人们所承认的精神财富"[②]，典型身份被赋予的优待使普通工人获得了威信、地位和面子等精神资源。国有工厂

---

① 孙立平."关系"、社会关系与社会结构[J]. 社会学研究, 1996(05).
② 杨懋春. 一个中国的村庄：山东台头[M]. 张雄, 沈炜, 秦美珠, 译. 南京：江苏人民出版社, 2012.

第七章　单位纸媒的未来与启示

里的典型要兼具人缘好和能力佳的素质，同时得到工友认同和领导认可，因此，他们在小团体社会内的精神资源交换更容易实现。纵观典型样态不难发现，典型的利益取向并不一概而论，这在某种程度上成为影响政治走向的因素，也很大程度上影响了其他民众的政治态度。典型追求与权威机构的交涉过程不仅仅是追求物质资源和精神资源再分配的过程，也是"推进社会转型，扩大群众动员和确立政权合法性的过程"。与一般典型不同，单位作为封闭性较强的制度化组织，单位人的生产生活都在其中，这种相对凝滞性使典型与权威机构的交涉转向单位内部，典型在国有工厂的培育下不断接受训练，有意识地利用这种训练实现自己的目的，通过交涉和行动来探索各自的利益表达机制。

典型的身份认同是权力网络内的自我交涉。新中国成立后，社会主义的分配制度取代了原有单一的地缘制度和血缘制度，单位作为控制和整合权威的一部分发挥着重要作用，国家的权力延伸和扩张，不仅需要通过单位组织作为载体，也需要通过具体的模范代表来实现，典型的存在成为表彰优秀、彰显权威机构意识形态的可具象化范例，而卡里斯玛式的权威领袖在单位社会内长期维持相对困难，典型"不再是模糊的图景，而是清晰地展现，不再仅仅牵动某种神秘的情愫，还为个人指明了如何把这种情愫与切己的修炼结合起来的法门，并且给各个具体的治理单位勾画了把政党伦理贯彻在日常治理实践中的要点"[1]。城市社会工厂中的典型可能是车间内的普通工人，但因为能力突出、政治忠诚、为人和善等原因被选为典型，并被权威机构赋予种种特权，这些特权深刻地影响到想获得实际好处的普通工人向典型及其所代表的政党伦理靠拢，典型便成了权力的文化网络中重要的组成部分，而这种文化网络是由典型及所在的组织体系和塑造权力运作的各种规范构成的，典型的身份认同则是在遵循权力运作规范内的交涉。任何追求公共目标的个人都必须在网络中活动，即使拥有典型身份的人，也要在权威机构认可的范围内活动，逾越企业红线、牺牲企业利益的

---

[1] [美]威廉·克拉克. 象牙塔的变迁——学术卡里斯玛与研究性大学的起源[M]. 徐震宇，译. 北京：商务印书馆，2013.

典型，将得到除名或者更多的惩罚。

三、组织与典型互构机制的讨论

(一)对典型塑造成果的再思

单位对于典型的塑造自古有之，伴随着不同时期国家政治方向和单位利益站位的不同，典型的形塑策略随史而变，呈现样态不尽相同。典型的树立过程包含"再分配制度、社会控制、德治、礼仪、派系与行为选择"，可以说是联动了单位组织制度化运作的各个方面，这个过程中既有单位对于个体的德治内核，也体现了制度化组织的社会控制逻辑，同时也展现了个体在身份交涉和自我认同中的行动策略、礼仪互动和派系选择。无论典型的样态如何变化，其宗旨都离不开国家和单位政治治理路径与机制的认同，进而形成单位、权威和个人典型的关系网络，最终发挥典型的动员作用。

对于当代大型国有企业而言，在典型的塑造和动员过程中要注意以下三点才能够更大程度地发挥典型的价值。一是杜绝对权威个人的过度依附。典型被确认的重要步骤包括得到权威领导人的认可，而在单位体制内领导的绝对话语权地位使典型容易形成对某个领导人的个人效忠，每一个单位人都要保持独立的思考，杜绝对领导个人或老典型的过度依附，才能够保证典型的公义和活力。二是避免无序竞争。单位体制内资源的有限性导致个体间和不同群体间的竞争无处不在，典型的竞争尤具代表性，制定合理的竞争规则，不仅能够避免典型竞争者间的冲突，也能够避免典型沦为群体间的斗争工具。三是避免动员下的麻木。单位成员的组织依赖性源于资源的交换，而典型的动员若只是停滞式的机械动员，会让群众形成"在场的缺席"[①]，成为符号化的存在，产生消极自我保护的行动(方式)，选择用麻木进行自我保护，而国有企业只有保证体制内的良性流动，实现资源交换，激发企业活力，才会更大地发挥典型的动员作用。

---

① 在场的缺席：身处场域，但精神离场.

(二)对单位治理与资源整合策略的启发

单位是基于生产、流通等为目的而形成的具有社会分工性质的、追求利益最大化的组织。但在中国特殊的社会结构中,单位不仅是单一性质的专业化工具,也包含了政治治理和社会资源分配的功能。通过非制度化方式实现组织政治治理的重要环节是建立组织与组织成员的依赖性关系,而资源交换是单位成员产生组织依赖性的根本,单位内部的自由流动资源和自由活动空间的出现,确保了资源的顺利交换。单位对典型的塑造对应了单位资源自由流动,典型与单位进行的交涉对应了单位人的自由空间的活动。李路路等认为,"按照社会分层的理论解释,人们对于资源的占有或获取,是由其社会地位决定的。社会资源依据特定的规则被分配至不同的社会地位上,社会成员所具有的社会地位决定他们对社会资源的占有"[1]。

国有企业的普通工人成为典型体现了个体活动的空间,单位对应待遇、地位等资源的分配则体现了资源的流动。在此过程中,单位要注意以下两点才能发挥典型树立在资源分配和政治治理上的作用。首先,确保资源流动空间的有序和畅通。获得资源的交换权力对单位人形成组织依赖性起到至关重要的作用,也是政治治理的基础。国有单位的资源交换一般在内部完成,一定程度上降低了资源的流动程度,只有激发资源流动的活力、保证组织资源的有序性流动,才能通过典型展现良性的资源流动和权力交换,增加单位人对组织依赖性的追求,实现组织期待的治理效果。其次,要规范个人行动的空间。虽然个体行动的自由是确保组织生机的基础,但由于典型标准的模糊性,使其在发现、确认、培育和宣传的过程中存在较大的个人行动的机会主义空间,典型对于稀缺资源再分配的追求更加激进,只有控制个体在进行身份交涉过程中私欲的增长,加强个体行动规范,才能确保典型的价值发挥。

(三)对单位媒体站位的思考

---

[1] 李路路,李汉林.单位组织中的资源获取与行动方式[C].中国社会学年鉴(1995—1998).北京:社会科学文献出版社,2000.

伴随着融媒体的不断发展，传统媒介的话语权逐渐削弱，形成了多元主体的媒介环境，类似的变化不仅出现在宏观的国家社会传媒层面，单位媒体也在其单位制层面演绎着微观的传媒历史。单位媒介对于样板的梳理和模范的塑造不仅逐时代大潮历经兴衰，也因国有企业和单位制度的发展变革阅历枯荣，形成了重要的话语实践，成为"国家—单位—单位人可见的共同体"。在组织集体看报纸的单位发展之初，以报纸、广播为主的单位传媒地位坚定不可动摇，所塑造的典型形象也因具备官方媒体的发声，更具传播力、说服力、动员力。但伴随着市场化的到来，单位人接收信息的渠道不断增多，官媒"一言堂"的局面不复存在，所传播的典型形象也因其地位的变化受到影响。

面对这样的媒介环境，单位媒体不仅要保持官方的严肃立场，也要探索创新之路。首先，保持官方媒体的严肃立场。作为制度化组织内部的服务工具，单位媒体区别于传统媒体定义，不仅具备纸媒广而告之的宣传功能，同时也因承担着单位的政治性任务而呈现出制度性传媒的特征。传播国家政治理念、代表单位利益、传播企业文化是单位传媒的根本所在，对于典型的塑造也围绕其根本展开。而伴随自媒体时代的到来，官媒对典型的宣传不再是典型传播的唯一途径，单位媒体对于典型的塑造仍是单位人"象征添增"的立场表达。充分发挥官媒在单位人心中的权威地位，成为单位政治宣传、信息传递和组织动员的重要载体。其次，探索官媒的活力之路。因兼具"单位"和"传媒"的双重身份而展现出特有的角色特征，此特征也成为官媒探索活力之路的便利所在。虽然官媒在典型内容和典型功能上"受限"于单位，但充分利用官媒优势，可以有效发挥其信息准确、迅捷，传播精准、高效，受众针对性强的效果。

后　记

本书是在整理、修改博士论文的基础上，基于大量的报纸翻阅和口述历史整理，对Y厂集团报历史脉络进行梳理。同时，结合集体记忆映象，整理归纳出单位纸媒在各个历史阶段的呈现样态，并总结归纳了单位纸媒在国家、单位和单位人间的效用和功能，探究出单位、单位纸媒、单位人的互动逻辑。

之所以选择Y厂作为实证落脚点，除却Y厂作为典型单位社会的代表的原因，笔者本人生长生活在C市，家中亲属、同学挚友中有很多都是Y厂职工，这为我的调研提供了极大的便利。另外我在硕士学习阶段就跟随导师一起进行单位制的研究，深谙单位研究过程中的调研方法。在过去的五年中，我的学习和生活都未曾与单位、单位纸媒、单位人失去联系。除此之外，作为C市人，对于Y厂的情感机缘使得对其研究更饱有热情和期待，Y厂近70年的历程，记录着国有企业历史的厚重与艰辛，也昭示着前行的方向与动力。回望历史，有多少时刻成为汽车工业的家国映象，奠基时刻的庄严，建厂时期的三年苦干，解放出车时的泪水，东风红旗的劲舞，阵痛时刻的坚韧，变革潮头的勇立，自主创新的果敢，这些画面构成了Y厂近七十年风雨历程中一个个历史坐标，也成为Y厂人四次创业的鲜明标志。七十载风雨路，几代人家国情，历史不会忘记，Y厂创始于共和国建立之初，几代汽车人筚路蓝缕，以启山林，以改变民族积贫积弱为己任，把Y厂这朵工业文明之花捧在手里，放在心里，用汗水和心血砌就出中国汽车工业的第一块基石,并由此向四方延伸;历史不会忘记,Y厂也曾走过坎坷曲折的历程,艰难困苦玉汝于成,精神薪火世代相传,使命责任历久弥坚;历史不会忘记,Y厂成长于改革开放的伟大时代,时代的洪流惊涛拍岸,生生不息,催人奋进,从改革阵痛到转变提升,从艰难蜕变到自主创新,Y厂没有辜负伟大时代,它为一种精神而生,为一种使命而生,为一种责任而生,谱写了一曲曲不愧于时代,无愧于党和人民的崭新篇章。近七十年前的一个夏日上午,在长春西南郊荒原上,Y厂人播下了一颗梦想的种子,如今它已经成长为参天大树,如果说实现中华民族伟大复兴的中国梦是一首波澜壮阔的史诗,是一幅气象万千的壮丽画卷,那么Y厂近七十年的风雨历程当之无愧为其中最为光彩夺目的璀璨华章。

  在此由衷地感谢Y厂集团报的各位工作人员,感谢你们在闷热的夏日陪伴我在仓库中翻阅尘封已久的报纸,感谢你们将过去几十年的Y厂纸媒成长图景勾勒于我。感谢接受访谈的Y厂工作者,在与你们的交流中,深刻地体会到了Y厂人的专业、热情和无私奉献精神,你们是Y厂成长发展不可或缺的一分子,有你们才有Y厂的今天。感谢我的导师和同学,在本书的调研和撰写中给予我的指导和帮助。当然,本书仍存在诸多不足之处,欢迎各位批评指正。

参考文献

A. 普通图书

1. 档案文件报告集

[1]中国 Y 厂年鉴.[Z].长春：内部资料，1987—2013.

[2]Y 厂车集团报 50 年汇编(1955—2015).[Z].长春：内部资料，2015.

[3]Y 厂车集团报.(1955—2015)[Z].长春：内部资料，2015.

[4]李路路,李汉林.单位组织中的资源获取与行动方式[C].中国社会学年鉴(1995—1998).北京：社会科学文献出版社，2000.

[5]中华人民共和国国家新闻出版广电总局.中国报纸广告市场 2015 年度报告[R].国家新闻出版广电总局官网，2015.

2. 中文著作

[1]戈公振.中国报学史[M].上海：商务印书馆，1928.

[2]顾新先.怎样办厂报[M].上海：上海人民出版社，1958.

[3]金其超.企业报概论[M].兰州：兰州大学出版社，1990.

[4]胡正荣.企业文化——现代企业之魂[M].北京：中国水利水电出版社，1995.

[5]申凡.市场经济与企业报改革[M].武汉：华中理工大学出版社，1996.

[6]王珏.国有企业改革新探[M].上海：上海远东出版社，1997.

[7]范星程.中国企业报发展史[M].上海：上海三联书店，1999.

[8]汪大缓,戴红杰.中国行业报发展之路[M].北京：中国建材工业出版社，1999.

[9]杨晓民.中国单位制度[M].北京：中国经济出版社，1999.

[10]孙立平等.动员与参与——第三部门募捐机制个案研究[M].杭州：浙江人民出版

社，1999.

[11] 李路路，李汉林. 中国的单位组织——资源、权力与交换[M]. 杭州：浙江人民出版社，2000.

[12] 张仁德，霍洪喜. 企业文化概论[M]. 天津：南开大学出版社，2001.

[13] 冯仕政. 再分配体制的再生——杰村的制度变迁[M]. 北京：国家行政学院出版社，2002.

[14] 孙立平. 转型与断裂——改革以来中国社会结构的变迁[M]. 北京：清华大学出版社，2004.

[15] 周晓虹. 中国社会与中国研究[M]. 北京：社会科学文献出版社，2004.

[16] 李汉林. 中国单位社会[M]. 上海：上海人民出版社，2004.

[17] 田毅鹏，漆思. "单位社会"的终结——东北老工业基地"典型单位制"背景下的社区建设[M]. 北京：社会科学出版社，2005.

[18] 唐海江. 清末政论报刊与民众动员：一种政治文化的视角[M]. 北京：清华大学出版社，2007.

3. 外文译著

[1] [美] 爱德加·沙因. 组织文化与领导力[M]. 章凯等，译. 北京：中国友谊出版公司，1989.

[2] 道格拉斯·诺斯. 制度、制度变迁与经济绩效[M]. 刘守英，译. 上海：上海三联书店，1991.

[3] [美] 华尔德. 共产党社会的新传统主义——中国工业中的工作环境和权力结构[M]. 龚小夏，译. 香港：牛津大学出版社，1996.

[4] [美] 米尔斯. 社会学的想象力[M]. 陈强，张永强，译. 上海：三联书店，2005.

[5] [美] 杜赞奇. 文化、权力与国家：1900—1942年的华北农村[M]. 王福明，译. 南京：江苏人民出版社，1996.

[6] [美] 丹尼斯·K姆贝. 组织中的传播和权力：话语、意识形态和统治[M]. 陈德明等，译. 北京：中国社会科学出版社，2000.

[7] 弗里曼，毕克伟，塞尔登. 中国乡村：社会主义国家[M]. 陶鹤山，译. 北京：社会科学文献出版社，2002.

[8] [美] 迪南·滕尼斯. 共同体与社会：纯粹社会学的基本概念[M]. 林荣远，译. 北京：北京大学出版社，2010.

[9] [美] 塔尔科特·帕森斯. 现代社会的结构与过程[M]. 梁向阳，译. 北京：光明日报出

版社，1988.

[10][德]马克斯·韦伯.经济与社会（第一卷）[M].闫克文，译.上海：上海译文出版社，2010.

B. 博士/硕士学位论文

[1]苗春凤.典型中国：当代中国社会树典型活动研究[D].上海：上海大学，2009.

[2]陶宇.单位制变迁背景下的集体记忆与身份建构——基于H厂的口述历史研究[D].长春：吉林大学，2011.

[3]李占伟.布尔迪厄文艺思想研究[D].济南：山东师范大学，2011.

[4]刑宇宙.典型制造与社会动员——毛泽东时代大寨的个案研究[D].南京：南京大学，2012.

[5]安平.近代日本报界的政治动员(1868—1945)[D].长春：东北师范大学，2013.

[6]张红春.《群众》周刊的抗战政治动员研究[D].湘潭：湘潭大学，2013.

[7]徐春丽.单位制变迁背景下劳动激励的转型——以国有企业内部关系为中心[D].长春：吉林大学，2018.

[8]滕飞.单位交换惯习中的象征性逻辑——以J大学的管理实践为例[D].长春：吉林大学，2017.

[9]吕晓.中国企业报研究——以《华北石油报》为个案[D].厦门：厦门大学，2008.

C. 专著中析出的文献

[1]李汉林.改革与单位制度的变迁[G].李强主编.中国社会变迁30年[M].北京：社会科学文献出版社，2008.

[2]郑杭生.转型中的中国社会和中国社会的转型[M].转引自田毅鹏、漆思"单位社会"的终结——东北老工业基地"典型单位制"背景下的社区建设[M].北京：社会科学文献出版社，2005.

[3][韩]全相仁.从"外生型"企业城市到"协作型"企业城市——以韩国浦项制钢集团和浦项市的关系为中心[A]芦恒译.//田毅鹏等.重回单位研究：中外单位研究回视与展望[C].北京：社会科学文献出版社，2015.

[4][韩]金植秀.劳动场所与地域社会及其对企业内部转包工人组织化的影响——韩国现代HYSCO钢铁公司与韩国浦项制钢集团的比较研究[A]芦恒译.//田毅鹏等.重回单位研究：中外单位研究回视与展望[C].北京：社会科学文献出版社，2015.

[5][日]田中重好,徐向东.单位制度与中国社会——改革开放前的中国社会结构[A]郑南译.∥田毅鹏等.重回单位研究:中外单位研究回视与展望[C].北京:社会科学文献出版社,2015.

D.期刊中析出的文献

[1]路风.单位:一种特殊的社会组织形式[J].中国社会科学,1989(1).

[2]萧体焕.关于典型报道的几点思考[J].新闻战线,1990(4).

[3]路风.中国单位体制的形成和起源[J].中国社会科学季刊(香港),1993.

[4]朱滨龙.办好企业报为振兴经济服务[J].新闻传播,1994(1).

[5]王沪宁.从单位到社会:社会调控体系的再造[J].公共行政与人力资源,1995(6).

[6]何海兵.我国城市基层社会管理体制的变迁:从单位制、街居制到社区制[J].管理世界,2003(6).

[7]刘理晖.国有企业文化的构成因素探索[J].经济问题探索,2005(9).

[8]刘平,王汉生,张笑会.变动的单位制与体制内的分化——以限制介入性大型国有企业为例[J].社会学研究,2008(3).

[9]马卫红,桂勇.从控制到治理——社会转型与城市基层组织框架的变迁[J].华中科技大学学报(社会科学版),2008(5).

[10]曾国良,王永鸣.对国有企业文化建设的思考[J].凯里学院学报,2008(4).

[11]秦勃.我国社会转型镜像中的"单位制度"——兼论"社区制度"发展的必然性[J].社科论坛,2009(10).

[12]李中国.企业报重要功能的"原生态"启示[J].新闻三昧,2009(12).

[13]冯敏.论社会史视野下的报刊与民众动员——以抗战期间甘青报刊为例[J].青海民族研究,2009,20(2).

[14]田毅鹏,刘杰."单位社会"历史地位的再评价[J].学习与探索,2010(04).

[15]宋海峰,刘秋香.国有企业文化建设的困境与对策[J].企业经济,2010(11).

[16]张芳.企业报的功能定位及其存在发展的优势分析[J].新闻传播,2011(2).

[17]岳谦厚,刘威.战时陕甘宁边区的劳动英模运动[J].安徽史学,2011(1).

[18]李德成,郭常顺.近十年社会动员问题研究综述[J].华东理工大学学报(社会科学版),2011(6).

[19]刘天宝,柴彦威.结构主义视角下中国城市单位制的形成逻辑[J].人文地理,2012(3).

[20]刘天宝,柴彦威. 中国城市单位制的影响因素[J]. 城市空间,2012(6).

[21]杜艳艳,袁宏伟. 中国早期企业报的出版与功能[J]. 中国出版,2013(22).

[22]何英姿. 国有企业文化建设初探[J]. 东方企业文化,2013(10).

[23]徐尧. 论战略转型背景下国有企业文化的建设[J]. 东方企业文化,2015(4)

[24]刘琳. 对国有企业文化建设的研究[J]. 中外企业家,2016(5).

[25]吴晨琛. 国有企业报的发展、困境与对策分析——以《LYT 报》为例[J]. 新闻研究导刊,2016(23).

[26]赵诗雯. 新媒体挑战下公交企业报的转型创新[J]. 城市公共交通,2017(6)

[27]陈勇. 新时代企业报变革的探索与思考——以海南农垦报转型升级为例[J]. 新闻战线,2018(13).

[28]贺治方. 国家治理现代化视域下社会动员转型研究[J]. 湖湘论坛,2018(5).

E. 英文文献

[1]Perry E J. State and society in contemporary China[J]. World Politics,1989,41(4).

[2]Lee Ching Kwan. The Transformation Politics of Chinese Working Class [J]. China Quarterly,1999(2).

[3]Elizabeth J Perry. From Native Place to Workplace:Labor Origins and Outcomes of China's, in Dan Wei:The Changing Chinese Workplace in Historical and Comparative Perspective[M]. NY:M. E. Sharpe,1997.

[4] Eds. Dan Wei. The Changing Chinese Workplace in Historical and Comparative Perspective[M]. NY:M. E. Sharpe,1997.

[5]E M Bjorklund. The Danwei:Socio-spatial Characteristics of Work Units in China's Urban Society[J]. Economic Geography,62,1986(1).

附　　录

Y厂纸媒社长访谈提纲

一、基本情况

1. 受访者的姓名、性别、年龄。
2. 任Y厂纸媒社长的时间段限。

二、职业生涯与单位纸媒

1. 您被任命Y厂纸媒社长时的任命流程和选拔机制是什么样的？
2. 您是怎样入选的？
3. 您在被任命为Y厂纸媒社长前是否有过与纸媒相关的工作经历？如果有，是哪些？
4. 您的学历。
5. 您就任时Y厂纸媒内部的组织架构是什么样的？
6. 您在任期间Y厂纸媒内部的组织架构是否发生变化？如果是，有哪些，因何变化？
7. 您就任时Y厂纸媒的版面设计有什么原则？
8. 您在任期间Y厂纸媒的版面设计是否发生变革？如果是，有哪些，因何变化？
9. 您在任期间Y厂纸媒在Y厂的订阅方式和发行方式是什么样的？
10. 您任Y厂纸媒社长时的工作内容有哪些？
11. 您在任期间的薪酬是多少？Y厂纸媒其他工作人员的薪酬是多少？

12. 您离任后的工作调动情况是怎样的？

13. 您在任期间 Y 厂纸媒社长在 Y 厂中的阶层定位是什么？

14. 您认为当时 Y 厂纸媒在 Y 厂中的组织定位是什么？

15. 您认为在任期间 Y 厂纸媒对 Y 厂最大的影响是什么？

16. 您在任期间最骄傲的业绩或者收获有哪些？

17. 您在任期间最遗憾的事情是什么？

18. 您印象最深刻的"纸媒故事"，是否能列举两三？

19. 您是否有当时的影像资料？是否方便参看？

Y 厂纸媒总编辑的访谈提纲

一、基本情况

1. 受访者的姓名、性别、年龄。

2. 任 Y 厂纸媒总编辑的时间段限。

二、职业生涯与单位纸媒

1. 您被任命 Y 厂纸媒总编辑时的任命流程和选拔机制？

2. 您是怎样入选的？

3. 您在被任命为 Y 厂纸媒总编辑前是否有过与纸媒相关的工作经历？如果有，是哪些？

4. 您的学历。

5. 您就任时 Y 厂纸媒的版面设计是什么样的？

6. Y 厂纸媒作为企业报与其他纸媒的区别是什么？

7. 您在任期间是否对一场报纸的报道内容和方向进行调整？如果是，有哪些？

8. 您就任 Y 厂纸媒总编辑期间的工作内容有哪些？

9. 您认为 Y 厂纸媒在您就任期间的主要职责是什么？

10. 您在任期间 Y 厂纸媒总编辑在 Y 厂报纸组织中的地位是什么

样的？

11. 您就任 Y 厂纸媒总编辑期间对 Y 厂纸媒的定位是什么？

12. 您认为在任期间 Y 厂纸媒对 Y 厂的作用是什么？

13. 您认为在任期间 Y 厂纸媒对 Y 厂人的作用是什么？

14. 您离任后的工作调动情况是怎样的？

15. 您在任期间是否参与或组织过 Y 厂或 Y 厂报社组织的单位活动？如果是，有哪些？

16. 您在任期间 Y 厂报社与 Y 厂其他组织的互动情况是怎样的？

17. 您在任期间最骄傲的业绩或者收获有哪些？

18. 您在任期间最遗憾的事情是什么？

19. 您印象最深刻的"纸媒故事"，是否能列举两三？

20. 您是否有当时的影像资料？是否方便参看？

Y 厂纸媒受众关于 Y 厂报纸的访谈提纲

一、基本情况

1. 受访者的姓名、性别、年龄。

2. 在 Y 厂就职的时间段限。

二、职业生涯与单位纸媒

1. 您所就职的 Y 厂部门和职位。

2. 您是从什么时候开始订阅 Y 厂报纸的？

3. 您现在还继续订阅 Y 厂报纸吗？

4. 您知道 Y 厂报纸是由 Y 厂报社独立承办的吗？它的订阅和发行情况您了解吗？

5. 您了解 Y 厂报社的基本情况吗，比如组织定位、报社结构、时任领导？

6. 您是否参与过 Y 厂报社的相关活动？如果是，有哪些？

7. 您是否能回忆 Y 厂报纸的报道内容？请根据您的有效记忆进行描述(1955—1966、1967—1976、1977—1992、1993—2003、2004—至今)。

8. 您对 Y 厂报纸人物报道的记忆描述有哪些？(1955—1966、1967—1976、1977—1992、1993—2003)

9. 您认为 Y 厂报纸对您个人有哪些影响？(1955—1966、1967—1976、1977—1992、1993—2003)

10. 您记忆中与 Y 厂厂报最深的一次渊源是什么？

11. 您认为当下 Y 厂报纸对您的影响是什么？